みんなと蒔いてきた未来への種

Digital Green City

共助社会へアップデートする

目次

#0
はじめに

この冊子はデジタルの技術とスローシティの解説書（インデックス）になっています。デジタルと赤城の暮らしの融合とは未来と昔が一緒に仲良く共存できる社会です。デジタルがアナログを追放するのではなく懐かしい人の集いや助け合いを生んでいく世界観です。「便利さ」ではなく「優しさ」です。進化しながらも新たな価値の「昔」に戻るのです。だからルネッサンスです。最近、喫茶店が賑やかです。でも昔のように営業のサラリーマンの時間潰しの場所ではなくシニアや同じ趣味を持つ人たちの集いの場所として生まれ変わっています。きっと潰れてしまった雀荘もスナックもまた新しい意味を持って復活し、障害に関わらず社会に参加できる優しさも再生するでしょう。真上から見るとクルクル同じ円を廻っているようですが、横から見れば上昇している螺旋階段なのです。だから皆さん、デジタルの力で良き昔へ戻りましょう。

＃1
時間、組織、官民の壁を越えて人を結ぶ社会へアップデート！その先に未来は創れる

今までの「当たり前」は錆びついて機能しないのです。「新しい当たり前」から社会は動き出し、暮らしを支えるビジネスが生まれます。この冊子は未来に向かって「みんな」と歩んできた記録です。

大掃除から始めよう。
ビジョンの先に未来は創れる。

12年間、前橋市長として市民の直面する多様な課題に向き合ってきました。「多様」といえばカッコイイのですが、足の踏み場もないおもちゃ箱をひっくり返した部屋みたいです。誰だってこれ一人じゃ片付けられないなと思うはずです。このまま放置してはごみ屋敷になってしまう、そして社会が分断される！そんな焦りが私を駆り立てます。そして「みんな」と一緒に大掃除に取り掛かったのです。「みんな」とは市民、企業、団体の善意やアイデアそして市役所の仲間たち…。「みんな」が立ち上がってアップデートしてきました。ガラクタを片付ければ「みんな」が自由にデザイン出来る空間が生まれます。

//// 大掃除の３つの原則 ////

1）めぶく。官民共創のビジョン
市民も課題解決への担い手

2）「ない物ねだり」から「在るもの活かし」へ
歴史・自然・赤城の価値を再生しよう

3）デジタル＆グリーンシティ
デジタルで人を結びスローになろう

＃2
P. ドラッカーが「巨大だが機能しない」と教えてくれたお役所をアップデートする

私が初めてP. ドラッカーの「断絶の時代」に出会ったのは35歳の頃。ちょうど地方議員になって私が漠然と行政組織の限界を感じていた頃だった。頼もしいと信じていた政府が自ら変化できない錆びついたシステムだとドラッカーが教えてくれた。それからの山本龍の挑戦は周囲には「宇宙人」と映ったでしょう。今も宇宙人は健在です。

市役所が向き合う課題は、急激に増えていきます。
その一つ一つに寄り添うために、

Q　市役所をどうしますか？

- ☐ もっと大きな市役所
- ☑ 小さくても賢い市役所

市役所を小さくするには権限の分散です。市長の独りよがりは機能しない。

私は講演などの機会に参加者にお尋ねします。「皆さんは巨大な市役所を求めますか?それとも小さいけど賢い市役所に期待しますか?」私は後者を目指すべきだと考えています。身を切る痛み?なんてカッコイイものではありません。暮らしの現場に政策立案を諮り、行政サービスを委ねる勇気です。人と人が結ばれ、そのネットワークと市役所が結ばれるのです。市役所は市民に身近な信頼される存在になります。一人ひとりの市民の暮らしの個別課題に市民自らがサービスの提供者として活躍する社会へアップデートしたいのです。市長の仕事は市民や職員を信頼することです。でも失敗したときは市長の責任です。

コロナ接触確認アプリ COCOA は機能したか?

COCOA は新型コロナウイルスの感染者との濃厚接触の可能性を知らせる接触確認アプリとして２０２０年6月からスタートしました。感染者がその情報をアプリに報告すると14日以内にその感染者と接触されたアプリ使用者へお知らせする仕組みです。利用者は陽性者と接触した可能性が分かり行動に注意する事で感染拡大の防止につながると期待されました。私自身も登録しましたが残念ですが?幸いにも?通知はありませんでした。COCOA からの通知をきっかけに検査を受けた人もおられたでしょうが実感としては感染を皆が正直に報告したのかとの疑問もあります。全ての感染者がこのアプリに感染を報告する仕組みがあればこのアプリへの信頼性が高まったと感じます。

でも無駄遣いとは思いません。COCOA アプリのダウンロードは４千万回、開発と運用の費用は総額13億４００万円です。１ダウンロード当たりの費用は30円です。この低予算で COCOA が機能すればなんて安上がりの感染防止策だったでしょう。デジタルの力によって国全体の蔓延防止策が低予算で出来たのですから。しかし残念なことは機能させる仕組みが足りなかったということです。

「やりっぱなし」の日本とデジタルの台湾

COCOAが機能しないのではなく、この新しいシステムを機能させられなかった政治の限界を私は指摘します。EBPM（データ分析からの政策立案）、PDCA（政策効果測定による改善）を行うためには政府の意気込みが必要です。全国民が登録し感染確認と同時にCOCOAアプリに報告する制度が必要だったのです。やると決めたら国の権限や予算を動員してやり切らなければシステムは機能しません。マスクを迅速に混乱なく国民へ届けた台湾のオードリー・タンさんのようなリーダーシップが必要です。健康保険のデジタル活用、政府と市民が信頼で結ばれるオープンデータの促進、それによって生まれる市民のイノベーション・・・によって社会を支える台湾のダイナミックな挑戦が日本に必要なのです。

デジタルの力を活用してマスクの正確な在庫や販売管理をすることでコロナパンデミックの混乱を防いだオードリーさんは24歳の時にトランスジェンダーを公表した台湾のデジタル大臣です。マスクマップはその成功例の一つに過ぎません。彼女の功績は国民誰もがデジタルに結ばれ、社会参加できる仕組みを作ってきたことです。障害者や選挙権のない子どもたちまでもがデジタルによって社会参加できる可能性を彼女は世界に見せてくれました。ゼロコロナと称してデジタルによる監視強化を目指す中国とデジタルによる民主化を進めできた台湾との違いを私は考えています。

*参照「民主台湾の未来永劫の繁栄を願って」野口五十六 白石常介著

＃3
当てずっぽう、やりっぱなしの仕組みをデータ、EBPM、PDCA がアップデート

チョット前まで政治家が勘と経験と度胸をもとに政策を実施していた。しかし日本には的外れな予算を浪費する余裕はない。蓄積したデータを分析し政策を実行する賢い日本になる

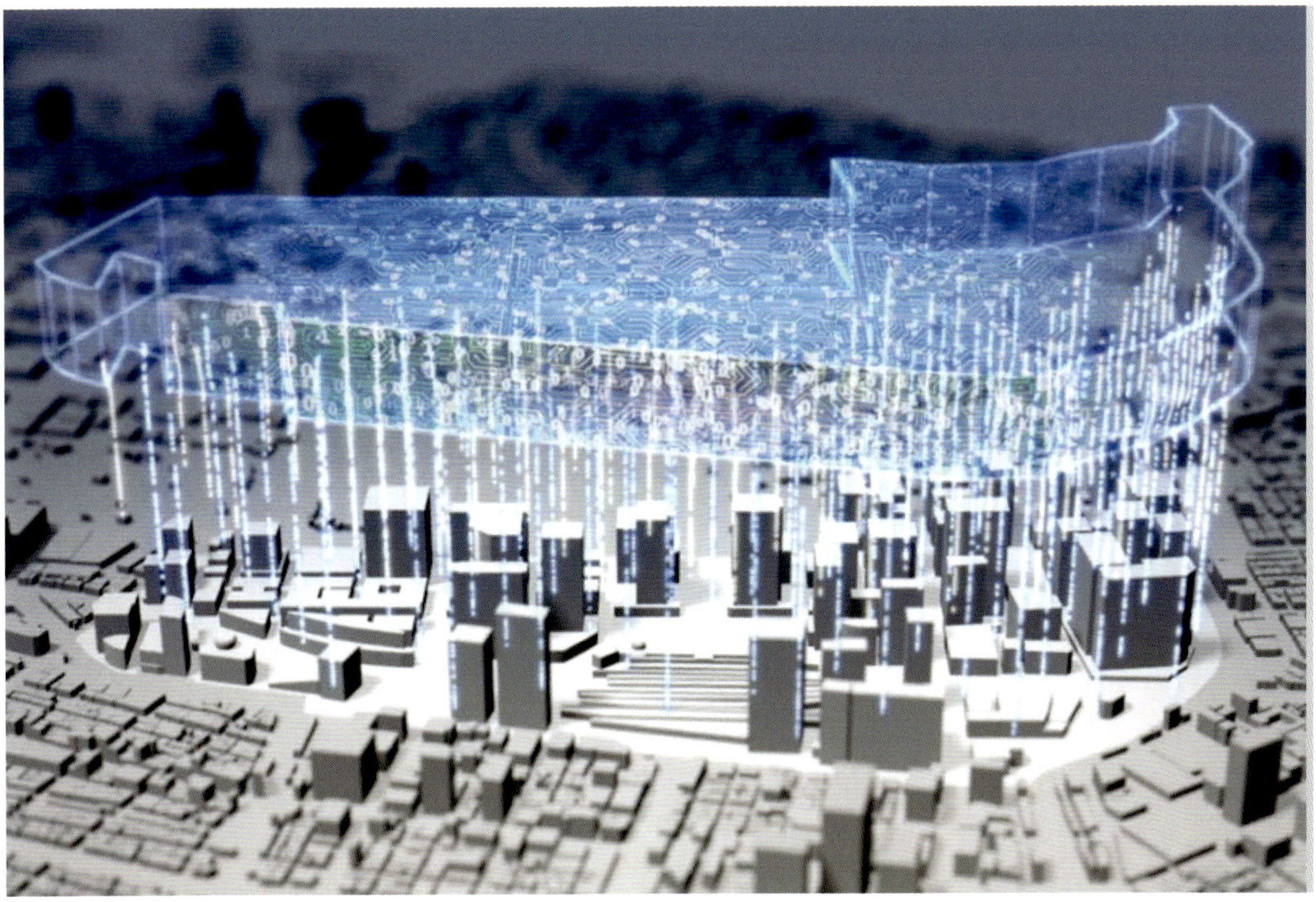

最新のデータを集め繋げれば森林管理からゴミ収集まであらゆる仕組みも変えられる

データを集める技術は驚異的に進化しています。赤城山に何本の杉やヒノキがあるか?その樹齢は? 耕作放棄地が年々拡大する様子などもリアルタイムで把握することが人工衛星やドローンの観測から可能です。世帯当たりのごみの量もステーションや収集車に付けたセンサーで分析できます。集まらないデータなどありません。集まらないのではなく集めないだけです。それらのデータ同士を連携することによって社会の実態が把握できるはずです。前橋市は令和5年から国交省の新しい取り組みで3D都市モデルPLATEAUによるオープンデータ化を行い官民で活用を目指しています。見えない地下空間に走っている下水管や水道管の流量まで見えるようになります。工期の短縮や管理の合理化が出来ます。

そうして集めたデータから最適な政策を立案し実行するEBPMと計画実施し確認改善するPDCAが可能になります。今まで政府が行ってきた政策プロセスは非効率で的外れでした。政府はこの国に住んでいる人々の暮らしのどの部分を見ているのか?と疑問が湧きます。月単位とか年単位の粗っぽいデータのみで政府の政策を意思決定し数か月後に実行するのです。オンラインショッピングの消費者購買情報をリアルタイムにAIが把握解析して品ぞろえを組み替えるAmazonやZOZOTOWNと政府の間には大きな違いがあります。だから政策プロセスをアップデートする必要があります。望遠鏡で見えている銀河の景色は一億年前の景色です。まるで遅すぎです。

KPIという新しい政策指標が政府の年次予算編成に活用されています。政府がデータを意識しつつあると感じます。しかし事業途中で成果をチェックし修正しているようには思えません。「一度決めたら止められない」のが政府の習性です。予算編成時に急遽集めた数ヶ月のデータが社会の実態を示すものとは思えません。それをもとにしたKPIに向かって目標を立て実行していくのですから的外れになるのは当然です。市長の経験から少し言い訳ですが、政府のデータ活用が進まないのは国民が個人情報漏洩などのリスクへの恐れから社会全体が情報提供に慎重である事も原因です。市民は公益に資するデータ提供に寛容であって欲しい。

部門の最適化から全体最適化システム思考（コレクティブインパクト）

参考：デイビッド・ピーター・スロー「社会変革のためのシステム思考実践ガイド」

データを集め社会を結ぼう。社会の一部のデータからの判断は無駄ばかり。

象の角を、足を、尻尾を…触っている部分だけから全体像を予想すること不可能です。しかし相変わらず政府は声の大きな団体ばかりを向いて全体を見ていません。効果がある政策を実施するためには暮らしの中の全てのデータをリアルタイムで集め分析し議論し決定するべきです。全体を見ない政策は無駄使いや無理があります。前橋市のマイナンバーカード取得申請率は2024年の2月末で全市民の86％です。これからもマイナンバーカードの普及が進むでしょう。このマイナンバーカードを活用したデータの蓄積と分析により社会の全体像を把握することが大切です。だから本人合意の上に安全にデータを連携する新しいIDとデータ連携のルール作りが必要です。

校長室の金庫には「不登校」になった理由（データ）が眠っています

過去のデータも連携と解析には重要です。50歳の方の生まれてから今までの半世紀のデータから未来の病気を予測することも可能です。不登校の中学生が小学生だった時のデータから不登校になった理由が見えてくるかもしれません。原因となるキッカケが過去にあったはずです。生まれてからのデータ（家族構成、保護者の経済、健康、友達関係、授業の記録、運動の記録・・・）は一見無関係のように見えますが連携分析によって現在の課題解決の支援策を発見できます。だから校長室の金庫の中の児童生徒のデータに価値があるのです。データを紐づけすること、さらに時間を超えて現在と過去のデータも連携することの必要性を理解できるはずです。過去にアスベストを吸引した経験と肺気腫の関連性が見える事と同じです。データはタイムマシンと一緒です。過去から未来を予見するのです。

先祖のデータが健康情報を与えるかもしれません。次の世代のために私たちのデータを残すべきと願っています。その例が女優のアンジェリーナ・ジョリーさんの決断した癌予防手術です。ジョリーさんは親から遺伝子変異を受け継いだことをＤＮＡ検査で知り、摘出手術を行いました。乳がんは日本人女性に最も多いがんです。日本は遺伝学的検査を２０２０年から要件を満たせば健康保険で実施しています。この検査の充実を希望します。

健康寿命は国富を増やすのですから。

＃４
だから「めぶくID」の出番です
IDの信頼は共助社会を創ります

※まえばしIDはその普及のため、「めぶくID」と名称を変えました。

SNSの書き込みは「なりすまし」の別人だったら？
オンライン人生相談の相手は生成AIアバターかも？
ネット空間で本人を確認し、本人を証明するＩＤが必要です

お節介かもしれませんが
あなたにピッタリのサービスをしたい。

多様な暮らしの形ごとに個別最適化サービスを提供するにはその人の困りごとや暮らしの悩みなどをきちんと行政が把握する必要があります。「既製服でサイズが合わなくても我慢してください」では市民が満足されるはずはありません。「あなたに合わせたサービスを提供したい。あなたの暮らしの実態を知らなければ的外れになります。だから困りごとの実態を把握するために情報を共有させてください」。行政サービスは洋服屋さんがお客様のサイズを計るのと一緒なのです。だからデジタルＩＤとデータは必要です。

ネットワーク上の本人証明が信頼を生みます。

⇩めぶくＩＤ

GAFAやインターネット商品販売サイトへは自分で個人情報を提供するのに、「役所への情報提供は心配だ」という市民は多くおられます。しかしGAFAは社会のためではなく、企業の利益のために情報を活用しているのです。あなたのＩＤを盗んだ他人が成りすましてオンラインショッピングで買い物することも可能です。インターネットの向こうにいる方に対して本当に本人なのかということを確認するにはセキュリティの高く、なりすましが困難なＩＤが必要です。それが唯一、スマホ搭載の電子署名法の政府認定を受けている「めぶくＩＤ」です。

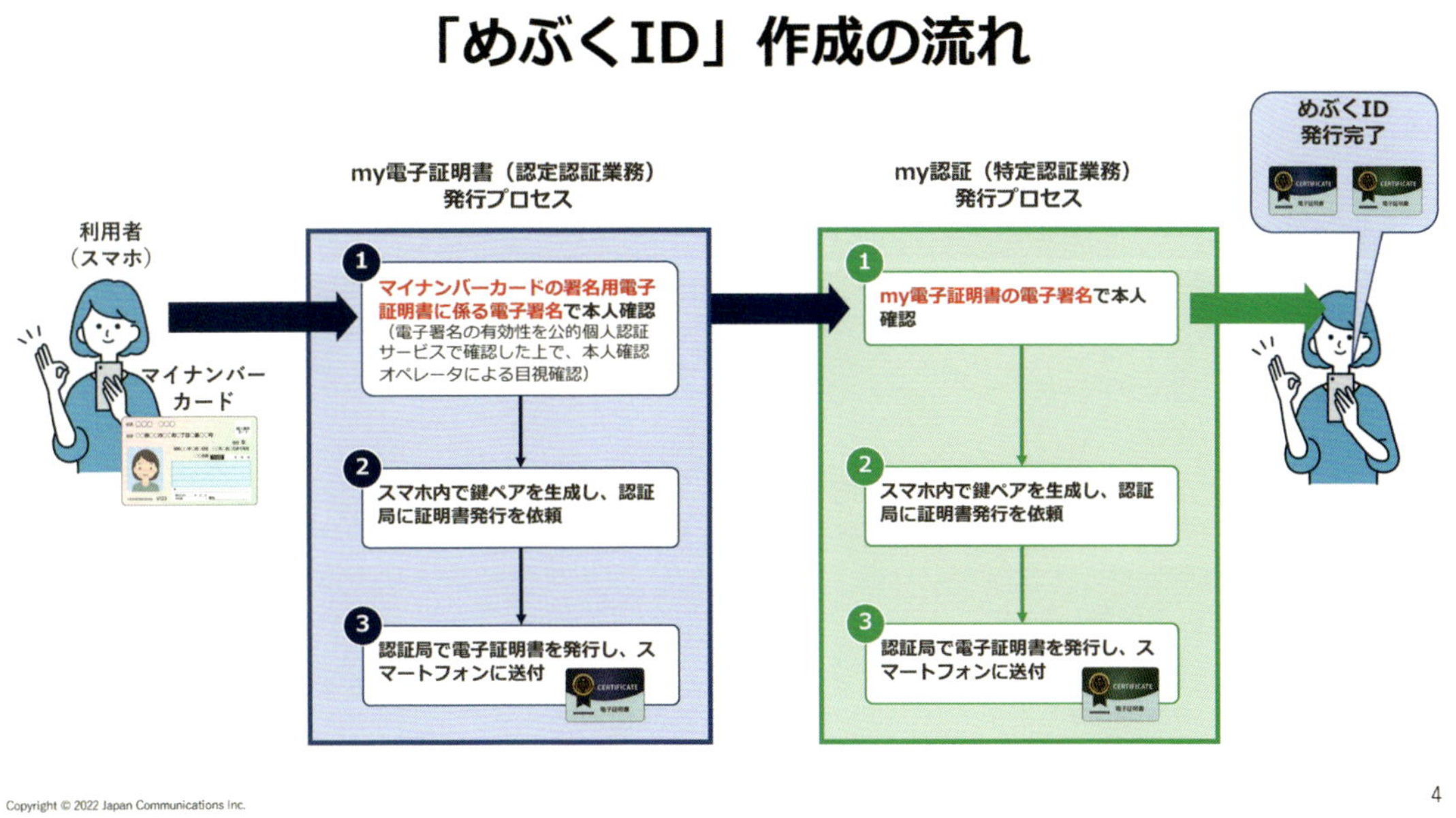

なぜ？めぶくＩＤをＩＣカードではなくスマートフォンに搭載するのか？

スマホに載せなくてもＩＤカードでもいいのではとの意見もあります。しかしめぶくＩＤをスマホとの組み合わせにしたのは持ち歩け常時接続であるからです。ＩＤカードの場合はネットに繋ぐためにカードリーダーが必要です。スマホは最初からインターネットに繋がっているのでスマホのアプリケーションをめぶくＩＤと連携させることで使い方の可能性を広げていけます。本人確認が厳格な顔写真付きマイナンバーカードを信頼の土台として発行しているためにネットワーク上で本人であることを明確に証明できるのがめぶくＩＤです。

「めぶくID」とは「マイナンバーカード」・「顔認証」・「SIMカードへの電子証明書搭載」の３つのトラストアンカーを組み合わせた未来型IDである

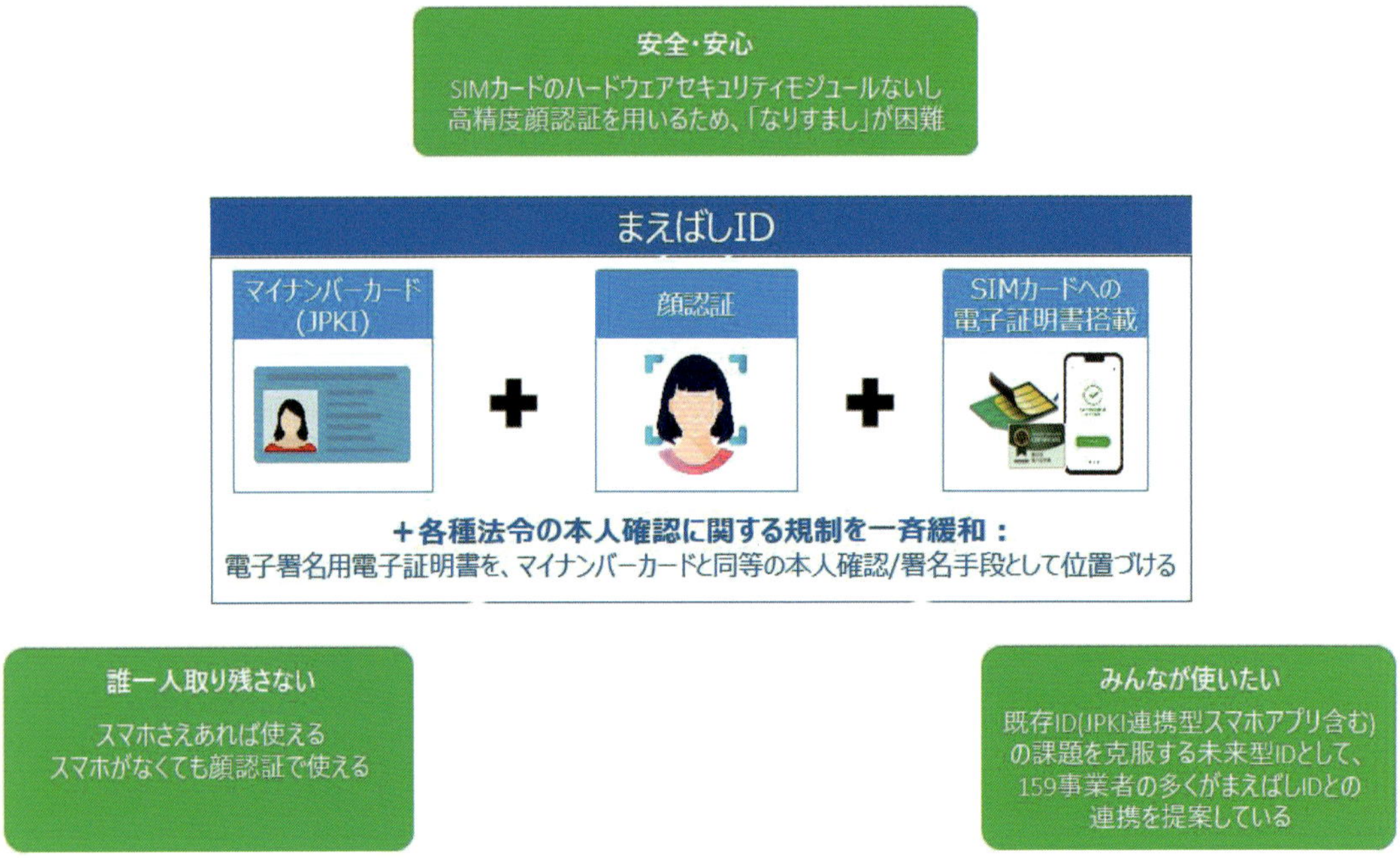

めぶくＩＤはスマートフォンで利用できる政府から認められた唯一のＩＤです

他の民間ＩＤはこの様なセキュアな公的な認証はありません。

「めぶくＩＤ」は政府の保証のもとに「めぶくグラウンド株式会社」という市と民間企業の官民共創の会社が発行しています。

市長ですら勝手にデータを活用することは出来ません。だから

このセキュアな「めぶくＩＤ」を活用したいとの動きが全国へ広がっています。銀行やデジタル田園都市国家構想指定自治体の中にも「めぶくＩＤ」の活用が広まっています。

◆参加される企業のデジタル活用策は＃７にて紹介します。

オプトインは当然の前提、「本人同意があればよい」だけでは不十分
顔認証、マイナンバーカード認証(JPKI)、は必要だがそれだけでは不十分
顔認証・JPKIにさらにスマホSIM電子証明書を組み合わせることで理想的なIDが実現できる

大前提としての"オプトイン"	・個人の情報に関する主権は、その本人にある。 ・個人データの取得・流通・利活用は、本人がその方法・意図・リスク等に関する十分な説明を受け、明確に同意することなしには、なされることがない

	マイナンバーカード(JPKI) 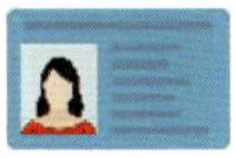	顔認証 	スマホアプリ民間IDサービス 	まえばしID  SIMカードへの電子証明書搭載
安全性	○	△ 100%の精度ではない	△ ソフトウェアであり、ハッキングリスクがある（なりすましや情報漏洩）	○ ハードウェアセキュリティモジュールないし高精度顔認証を用い、ハッキングリスクがない
利便性	△ 基本4情報を含むほか、カードリーダーが必要であり実務上利用範囲に限界	○	△ スマホを所有していないと使えない（「誰一人取り残さない」ものにならない）	○ スマホさえあれば使える、スマホがなくても顔認証で使えるまた利用できるサービス範囲に実務的にも制約が少ない
法的安定性	○ 法的裏付けがある（公的個人認証法）	△ 法的裏付けがない	△ 法的裏付けがない	○ 公的個人認証法や電子署名法の裏付けがあり、推定効を含め、なりすましに伴う法的リスクを排除

個人情報データの在り方を定義する全国モデル

個人データは慎重に扱うべきです。一方、医療データに関しては公共財的に扱うべきとの考えもあります。難病の場合、医療データを世界規模で解析すれば治療法を発見する可能性もあります。この場合、情報を提供する側には自分にプラスになるなら手を挙げてでもデータを提供したいとの考えもあるでしょう。しかしどんな場合でもデータの扱いをきちんと説明し提供者の同意を得ること、さらに個人が特定できるデータは提供しないルールは当然です。データは「めぶくグランド株式会社」に設置された独立組織データガバナンス委員会（＊國領二郎委員長）が個人情報保護の専門家、消費者団体の代表、サイバーセキュリティの研究者を構成員に管理を行います。ここではデータ管理基準に関しての議論が行われるでしょう。また漏洩の管理以上にデータ取得の適正についての基準づくりも必要です。例えば介護予防のモデルを作りたいと考える事業者が介護施設のベッドに設置したセンサーで情報を収集することが人権を侵していないか?などの倫理的な判断もデータガバナンス委員会で議論され新しい指針を作っていくことになります。まさに日本の基準を作って行く覚悟です。

※めぶくIDはそれ自身にはデータの蓄積はしていません。年金なら社会保険庁のデータ管理です。めぶくIDはそれぞれ別々に管理されているデータを連携する際の目印です。

データ連携のプラットフォームの安全性

さまざまなデータを集めて連携し分析すれば課題の原因が見えてきます。但し連携先の安全性も慎重に検証する必要があります。前橋市ではデータはあくまでも個々人が所有します。その所有者の許諾により他のデータと連携する時だけ「めぶくＩＤ」を利用します。しかも連携をする対象は安全性が担保された相手のみです。Google が安全性の低いアプリとの連携を拒否している理由は前橋市の考えとも重なります。その連携の対象の安全基準を確認するために損害保険会社のセキュリティシステムが常に連携先の安全性を監視しています。「なりすまし可能」なシステムとは絶対にめぶくＩＤは連携しません。データ活用上の被害があった場合それを保障する仕組みも必要でしょう。

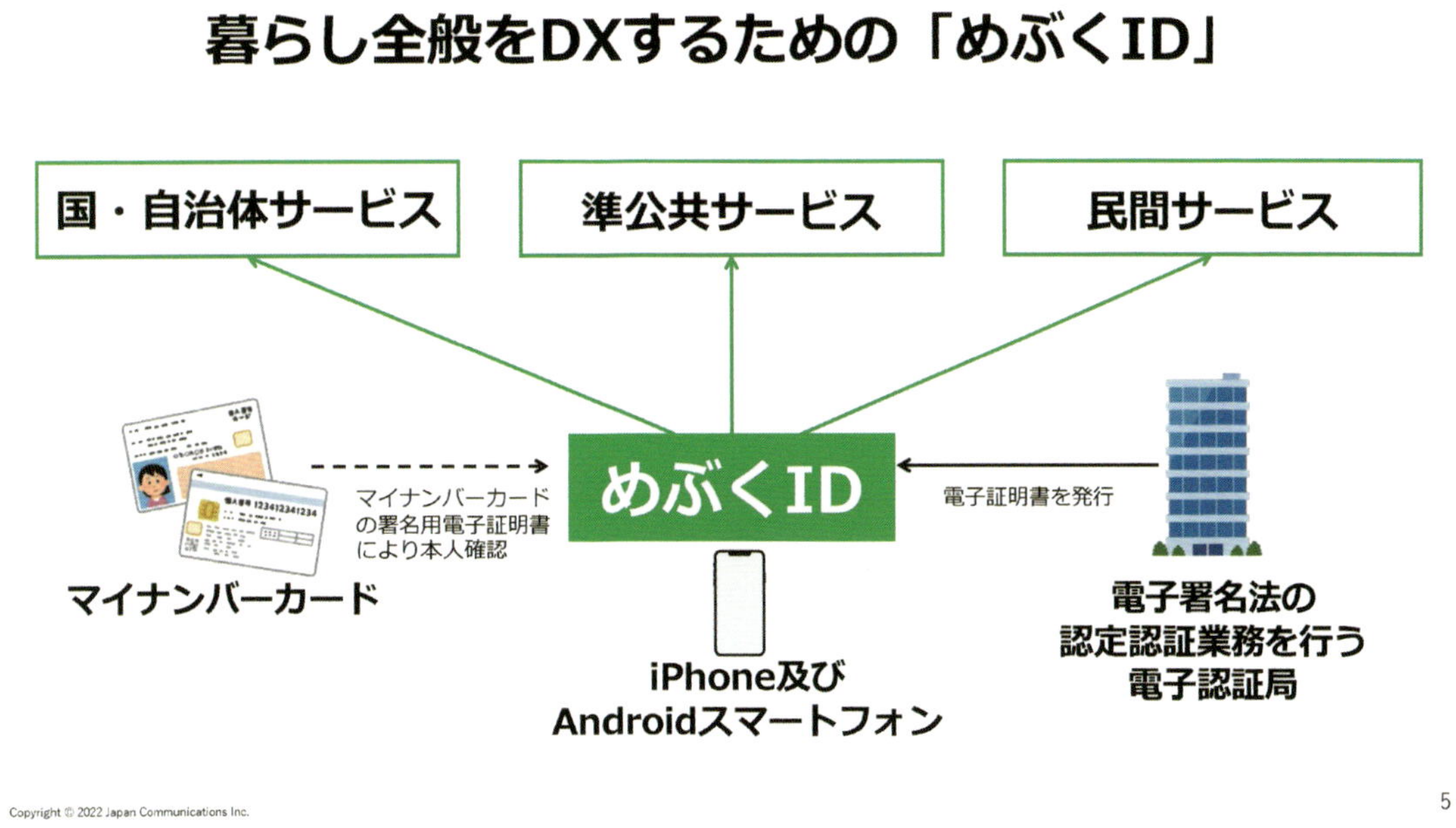

サービスアプリケーションごとに情報提供許諾が管理できるリスト

皆さんはアプリケーションをダウンロードした時に規約を読んで自分の情報を提供するか否かを最後に判断し承諾（オプトイン）します。ところがどのサービスにOKしたかを忘れていればキャンセルすることが簡単にできないのです。めぶくIDはスマートフォン上の管理画面に許諾したサービスのリスト管理画面を作りました。自分がどのサービスに情報提供許諾しているかが簡単に確認できキャンセルも自由にできるのです。スマホカメラの利用許諾のように一つ一つのサービスアプリケーションごとに設定できるようになっています。データの自己管理の容易さがめぶくIDの特徴です。定期的に一人ひとりが許諾サービスの中身を確認することを新しいデジタル時代の心掛けにしましょう。

過去にデータ許諾したものは
ここを確認

個人の意思で解除できます

＃５
データを集め連携すれば、
災害や戦争のカオスの中に
問題と解決策が見えてきます

同じに見える砂の粒。しかしすべての砂にそれぞれの特徴があります。尖がった粒、色の違い、ガラスや砂鉄・・・一つとして同じ形はありません。私たちの社会も同じです。一人ひとりの居場所と生き甲斐を見つけられるお手伝いこそ社会の意味です。

違いを超えて結ばれる善き社会

まだ多くの人たちが監視される社会（映画「マトリックス」のような未来）への不安をお持ちでしょう。「マトリックス」では生体反応による発熱が機械を動かすエネルギー源として人間は乾電池替わりに機械につながれています。私たちが目指す「共助型デジタル・グリーンシティ」はまったく逆です。錆びついて意味のない社会システムから人々を解放します。距離にも時間にも障がいの形にも関係なくネット空間上で結び合い支えあう社会を皆さんにお届けしたいのです。砂粒が結ばれ美しい模様を描き出すイメージです。

物理的、時間的な制約から解放

「役所に行って手続きをする」とは物理的・制度的な制約です。デジタルの力でこれらの制約から人々を解放します。市民は何処でも何時でも市民サービスと結ばれます。そして行政同士も同じです。物理的に隣接する自治体と連携することは当然ですが遠い市町村でも連携が可能です。テーマごとに自治体と連携をしてきた私の経験からアプリとアプリをつなぐAPIのように自治体同士をつなぐネットワークもあるべきです。

デジタル市民権

- いつでもどこでもまちづくりに参加できる
（自分の意思を反映できる）

- 未来型の民主主義を実現するための
新しいコミュニケーションプラットホーム
（多くの市民が集い意見を交わすことが難しい
物理的な制約からの解放）

➡ 時空間からの解放

どんな暮らしの悩みもネットワーク解決する。市長は要らない社会が来る

誰かとつながることは大切です。しかしそのネットワークに参加している人たちだけでは解決が難しい問題を他のネットワークと連携し、そしてさらにその先には市役所や政府、そして社会までもつながり広がっていく…。そんな新しい仕組みが社会を変えていくでしょう。台湾でオードリータンさんが掲げるミッションに「オープンガバメント」があります。政府の資料やデータを市民のネットワークが活用しマスクマップを実現し、それ以外にも社会変革を生み出しています。知らない人同士がオンラインで結ばれ社会を運営していくのです。このネットワークが政府にまで拡大すれば「自治」になります。

役所へ申請に行く時間がもったいない。

前橋市では住民票の発行を市役所で行うと３００円。一方コンビニのマルチコピー機では１００円。デジタル活用の身近な効果です。将来オンライン申請も可能になるし、ＩＤでデータ連携すればそもそも住民票発行という手間さえ不要です。オンラインで用が足りれば来客が減り市役所の駐車場が削減でき、窓口業務も丁寧に対応できる余裕が生まれます。生活保護の申請者が市役所に出掛けるのではなく職員が自宅まで出向いてケースワークの相談をすることも可能です。市民に寄り沿う行政です。申請手続きをスマホで済ませて余った時間を何に使うか?楽しみです。

自治会長にタブレットを支給する理由は…

地域コミュニティのオンライン井戸端会議の道具にしてほしいからです。公園の草刈りや廃品回収、通学路の安全…地域課題を共有しあう地域ネットワークが生まれます。地域では困難なことがタブレットを経由して市役所に共有化され、市役所の担当者に伝わり課題が解決できます。市役所にわざわざ地域要望を持参する必要もなくなります。

自治会タブレット活用例
（道路整備要望・危険箇所通報）

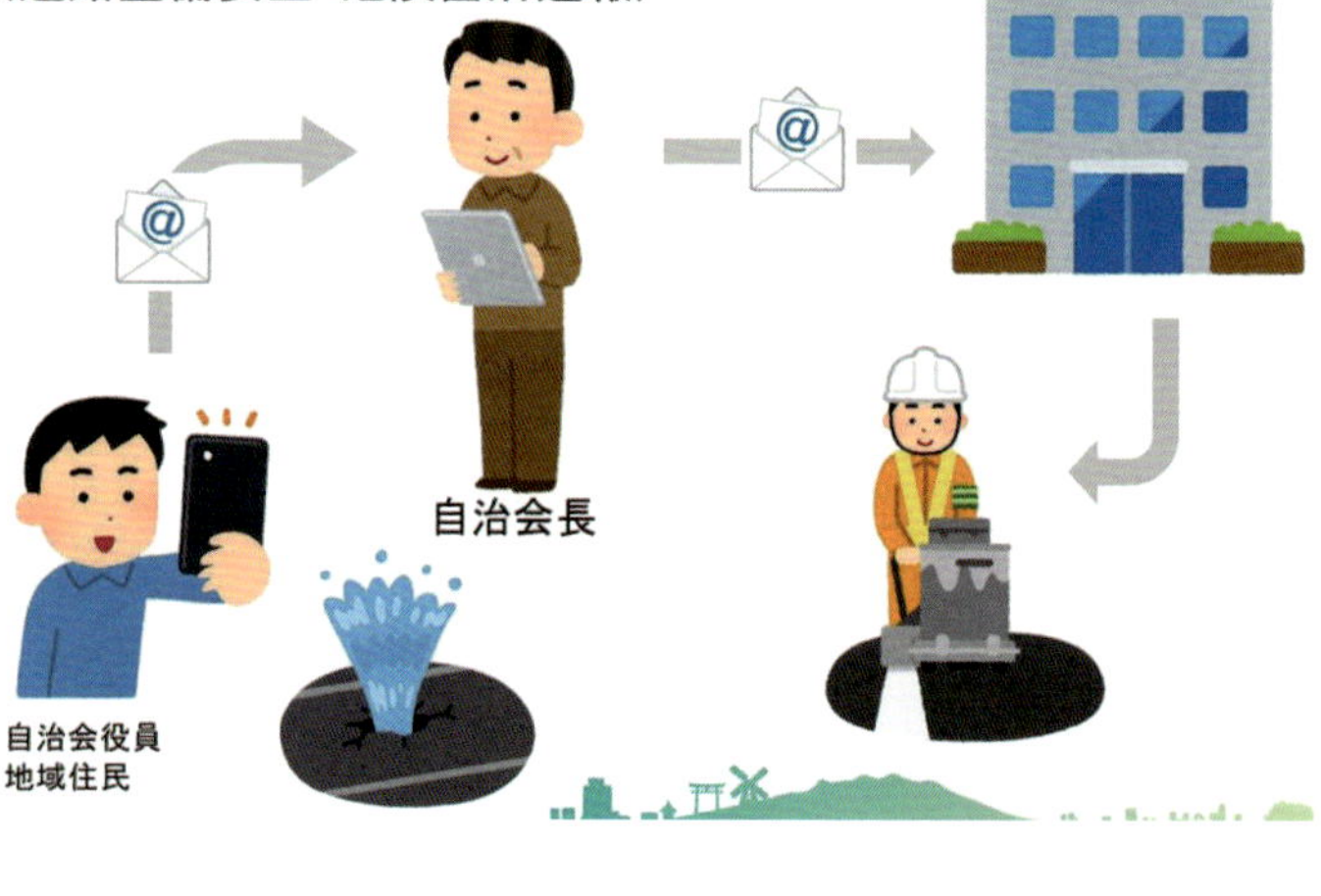

めぶくＩＤは迅速＋遠隔対応を提供

各地のタウンミーティングで自治会長さんから頂いた「市役所からの連絡の遅延」や「市のどこへ伝えるか複雑だ」との意見から私が気付いたのは道路、水道、ごみの不法投棄などの地域情報を役所と共有させる仕組みの必要性です。前橋市の児童生徒へ配布タブレットもリースアップ時に廃棄せず民生委員・児童委員や交通指導員に再配置できるはずです。この仕組みは避難所にいる被災地の皆さんにも重宝されるでしょう。

能登半島地震による被災現場＜撮影：前橋市消防局＞

被災地こそめぶくＩＤが必要です

自分の住民票がある町や村から離れて遠くに避難している人にとって、故郷の復興情報の収集や役場への様々な証明書の発行（住民証や罹災証明）は手間が掛かるでしょう。そんな時めぶくＩＤがあれば何時でも何処でも行政サービスが入手可能になります。被災した自治体も遠くに避難する住民と繋がれる筈です。ご近所の方々と避難先はバラバラでもネット空間のご近所付き合いも出来ます。めぶくＩＤがあれば避難先が何処であろうと自分の自治体に暮らしているのと変わらぬ住民サービスが受けられるのです。マイナンバーカードや保険証やお薬手帳などを紛失した場合も顔認証だけでの簡易ＩＤで緊急対応が可能です。ネットのご近所の付き合いも味気ないけど、復旧するまでのガマンです。

column

政府への提言　南海トラフ 富士山噴火…避難者支援はデジタル活用で

前橋市は練馬区と北区との災害協定を結んでいます。首都直下地震などの発災時には多くの避難者を預かることになります。避難者の受け入れに際して避難所の環境整備が必要です。大規模な避難者受け入れの施設にはそれぞれの所管する中央官庁が災害時の体制整備に支援が必要です。

例えば

- 災害時にデジタルでつながる体制は出来ているか？【衛星回線、Wi-Fi、電源の準備】
- 民間企業との共働による被災者支援アプリ　【政府の責任で全国共通アプリを整備】
- 避難者データベースと道路損傷復旧などの情報発信　【ふるさとの復興情報など】
- デマ情報防止の仕組み　【正しい情報を迅速に届ける】

★セキュアなID＝めぶくIDの活用【避難者リストの公開はDV被害者の氏名など要注意】

【首都圏直下型地震の震度予想図】

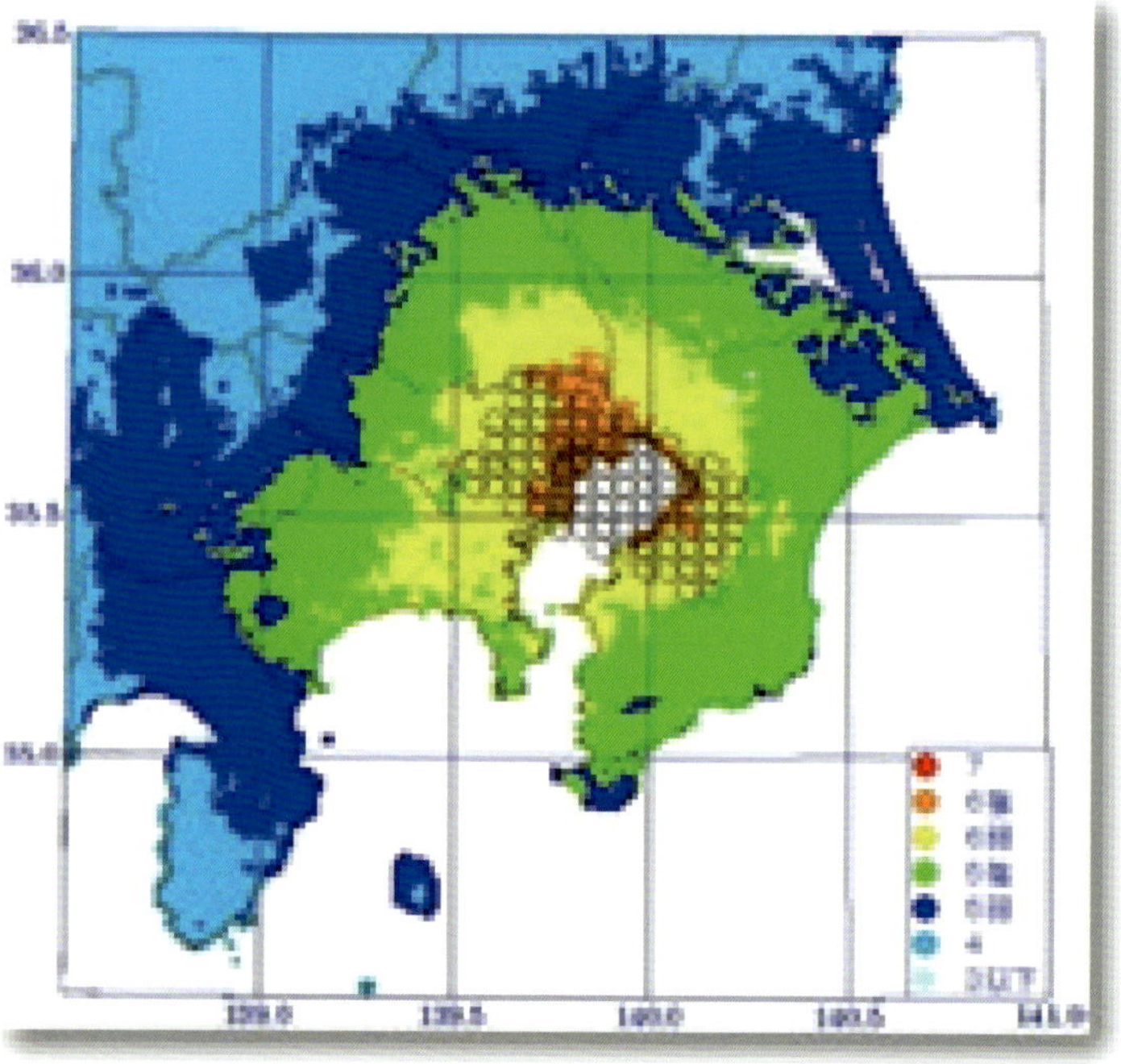

column

首都の被災時に、多くの人を助けるのは前橋市の責任です

徳川時代末期に老中松平直克公が西欧列強との武力衝突を想定して前橋城を近代化したことからも前橋の地政学的な拠点性を感じます。そして災害リスクが少なく医療施設の充実した前橋は常に被災地への支援に役割を負う責任があります。前橋市消防局は能登半島地震の発生から３時間後の夕方には出発の体制を整えて他の群馬県各地の消防と連携して能登半島へ向かいました。そして将来に備え消防と医療をつなげるデジタルの力で被災地を応援できる体制も進めています。前橋からこんな安心の仕組みを被災地に届けたいと思います。

前橋5G等ICT利活用検討推進協議会の発足

前橋における5GなどのICTの利活用や普及展開について、
様々なアイデアの検討と実現に向けた取組みを行い、
地域への普及展開を促進するために発足（5月10日発足）

※ NTT ドコモの吉澤和弘前社長は前橋市出身

column

めぶく ID の管理組織：めぶくグラウンド株式会社の宣言

2016 年.「めぶく。」のビジョンを掲げ前橋のまちづくりは始まりました。
2022 年. デジタルの力が加わり「めぶく。」まちづくりは加速。めぶくクグラウンド株式会社は設立されました。私たちはデジタル技術が暮らしに寄り添い誰一人取り残されることなくウェルビーイングを享受することができる社会の実現を目指します。私たちは「めぶく。」から始まったまちづくりビジョンをデジタルグリーンシティで実現します。デジタルグリーンシティは市民の自主的な参加によって育まれる共助型の未来都市。シンボルであるどんぐりは森を育み広げる共助の象徴です。 私たちは官民共創によって新しいまちづくりに取り組みます。より安心で信頼性の高い市民サービス実現にめぶく ID やデータ連携基盤を提供、さまざまな公共 準公共 民間サービスを支援しその知見や利益は地域社会へと循環 還元させ持続可能なまちづくりを支えます。共助社会の構築には多くの市民や企業 団体の参加が必要です。私たちはデータ提供者の利益を守ることを使命とするデータ ガバナンス委員会を設置します。データ利用者とデータ提供者の利害が相反する場合にはデータ提供者の利益を優先することを徹底します。この原則をもとにデータ提供を促進しその恩恵が市民を含むステークホルダーで適正に分け合うことを保証します。めぶくグラウンド株式会社は人の思いが響き合う共助型未来都市の実現を目指します。

めぶくグラウンド発会記者会見

Digital Green City

みんなと蒔いてきた未来への種　共助社会へアップデートする

#6
共助型社会へのアップデートは行政組織を小さくすることから始まります

遠くまで一人で旅をすればさまざまな荷物が必要です。これでは重たくて歩けません。みんなで荷物を持ちあえば楽しく旅ができます。転んでも誰かが手を差し伸べてくれる。そんな信頼がデジタルで出来るはず。図体ばかり大きい行政システムに任せるのは時代遅れです。

行政の権限と予算を担い手に分割します そして補完しあえば三方よし。

行政がすべての社会課題の解決することは難しくなります。むしろ行政が持っている情報、権限、予算を市民の担い手へ委譲していきましょう。それは行政にも担い手にも担われる人々にとっても三方よしです。全ての人の居場所を行政が用意するのではなく。様々な担い手がそれぞれ自分たちの得意な分野で人を支える居場所を作るのです。多様化する社会で課題が増える一方です。だから担い手と一緒になって社会を支えましょう。皆で役割を分担する社会が目標です。

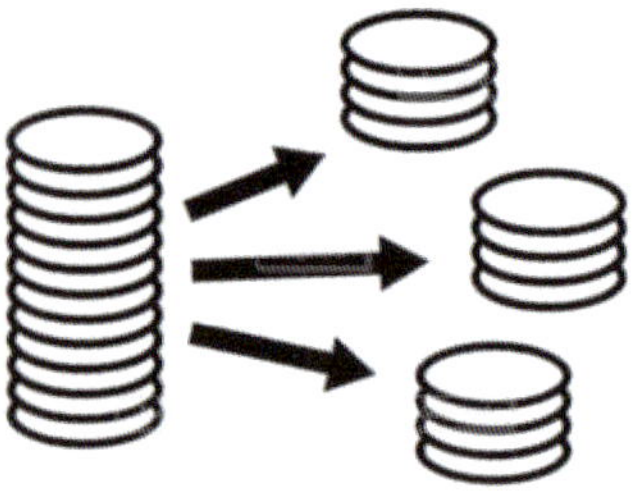

「××の課題の担い手募集」に 市民の善意があつまるでしょう

誰かが助けを求めているのか?誰が担い手になれるのか?社会の隅から声を出せる「めぶくＩＤ」を活用したコミュニケーションプラットフォームが必要です。それは市民の掲示板です。ｆ匿名でも発行できるアカウントでは信頼される掲示板にはなりません。デジタル空間で自分は誰かを明らかにするめぶくＩＤを使うべきです。前橋市役所にはＭサポという市民団体活動支援する部署があり２００以上のＮＰＯやボランティア団体が登録されています。彼らの活動の悩み事などに掲示板が使えるはずです。

社会とつながると、市役所が面白くなる

行政の役割を社会へ委ねると市役所の職員さんの負担が減ります。そこに行政DXによる業務合理化が加わってますます公務員の働き方改革が進むでしょう。多忙感が減り、市役所週休3日も夢ではありません。副業解禁という制度も可能でしょう。DXで手に入れた時間が公務員と社会を結ぶ機会になります。公務員と市民がソーシャルビジネスを立ち上げ社会課題解決を担うようになればこの社会はもっと心地良くなっていくはずです。

慣例から飛び出した公務員が社会を変える

公務員の机の上にある日々のルーティンワーク（国に対する補助金の申請書類作りや市長のスピーチ草案など）を机の上から消し去ってその分を社会課題と向き合う時間に変えてみたらと思います。彼らの能力が必要な課題に注力されれば社会課題が解決できるはずです。社会のために公務を職業に選んだ方々が役所仕事に追われるのはもったいない。自ら慣例から飛び出す公務員が増えればきっと社会が変わります。

他の自治体との連携や内部効率化で浮かした予算を市民へ還元

行政の業務システムは自治体連携でコストカットが可能です。前橋市、高崎市、伊勢崎市の三つの自治体システムが共通クラウドに統合されました。前橋だけで年間９０００万円の管理費用の削減です。これはシステムの委託企業さんの三団体を一緒にしてコストダウンを図るというチャレンジがあったからです。令和７年、いよいよ政府が主導する自治体クラウドがスタートします。そしてその先のガバメントクラウドというシステムの中で、めぶくＩＤが全国の自治体ＤＸのお手伝いが出来ると考えます。ゴミの広域処理や交通の相互乗り入れなど自治体間連携により浮かせた財源を市民に還元すれば皆が得です。反対に自治体が孤立すれば無駄が生まれます。もったいない。

自治体クラウド

- **前橋市、高崎市、伊勢崎市３市で自治体クラウドを構築し運用**
- **３市総人口約９０万人の自治体クラウドは全国最大級**
- **伊勢崎市とは市民への通知書をユニバーサルデザインを取り入れ「見やすく・分かりやすい」デザインへ変更**
- **前橋市だけで年間約９千万円の情報システム経費のコスト削減**

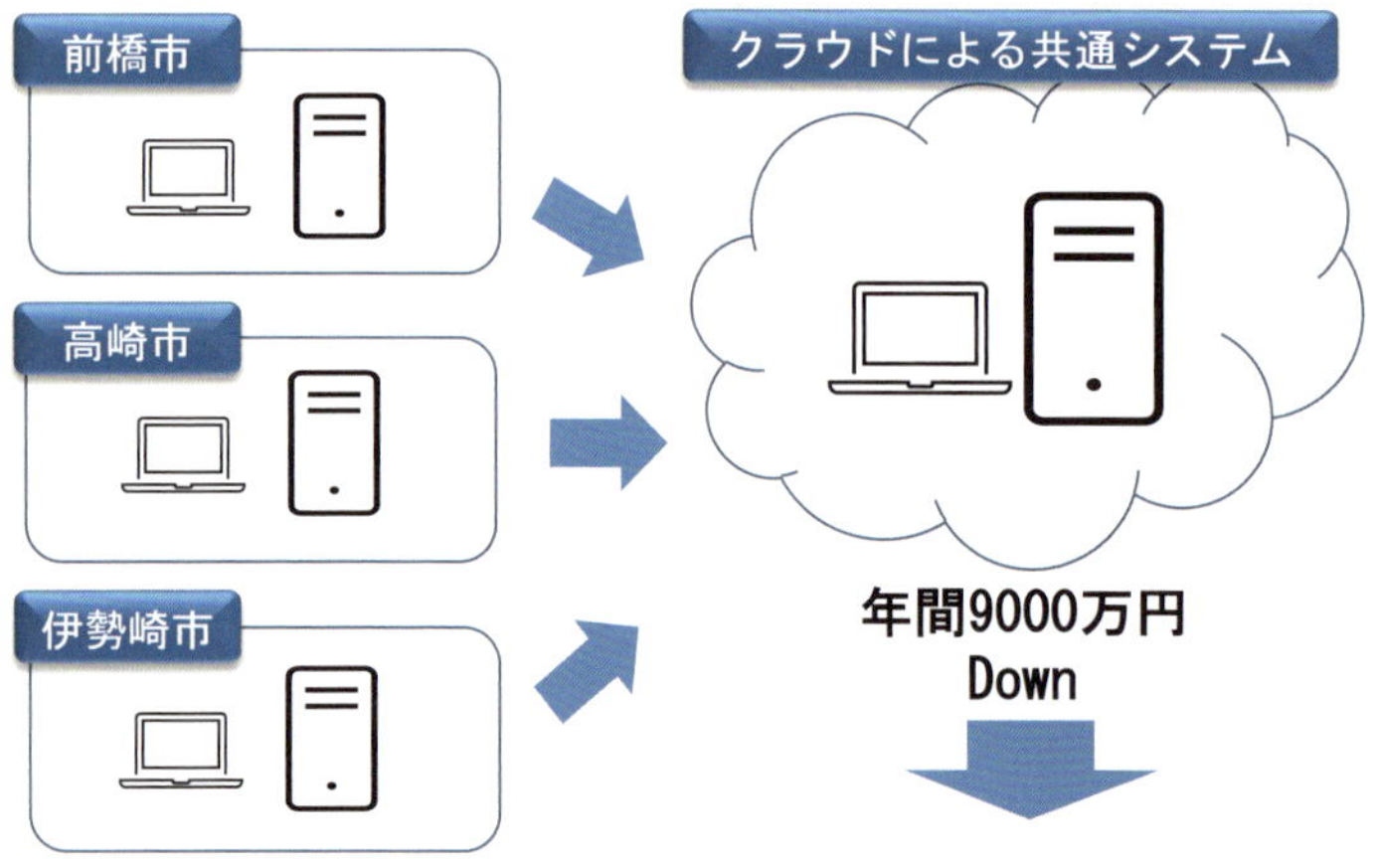

column

選挙公約の１ページでは届かなかった変革のメッセージ

２０２４年の市長選挙に立候補した私はデジタルよる行政サービスを訴えました。以下の公約の箇条書きだけでは伝わらなかったことがいっぱいあったと反省しています。デジタルから縁遠い人たちの不安。情報管理への不安…に優しいメッセージを伝えるべきでした。

しかし皆さん、「デジタルの大波によって暮らしが飲み込まれる未来への準備は必要です」改めてこの冊子を通じてメッセージを読者に感じてもらえれば幸いです。

山本龍マニフェスト2024

デジタル革命で無駄を省いて暮らしを便利に

時間や場所に縛られる世の中から解放され、いつでもどこでもまちづくりに参加できる(自分の意思を反映できる)。そしていつも、誰かとつながっていられる。そんな社会が実現できるのです。

- **前橋市の地域通貨『めぶくPay』**
  市内の加盟店で使えば、利用金額の20%（キャンペーン期間に限る、通常は3%）がポイントとして還元されます。ポイントが市内を巡り、新しい前橋の資本主義を回していくのです。ボランティアの謝礼にポイントを支給することで市民の“つながり”を育んでいきます。
- **お薬手帳、母子手帳のデジタル化で健康管理が簡単便利**
- **全学校にタブレット授業を展開〈子どもホットラインでイジメや悩み相談〉**
- **めぶくEYE(視覚障がい者)スマホ手話通訳(聴覚障がい者)で外出を応援**
- **コンテンツ・プログラムエンジニアが集まってくる**
- **アプリで給食のアレルギー事故を防止**
- **タブレットにより自治会や民生委員にも情報を共有**
  ▶ 道路の危険個所通知などで活用
- **ボランティアポイントで市民の助け合いを促進**

前橋市
地域活動にポイント
1回100円、金券と交換

みんなと蒔いてきた未来への種　共助社会へアップデートする

＃7
めぶくIDはこんなことに役立っています具体的な取り組みについて

※デジタル田園都市国家構想推進交付金 TYPE3 採択
事業で構築した民間事業者のサービスも含みます

日本中の企業や団体が社会課題解決のモデルをめぶくIDと連携して生み出そうと前橋市に集まっています。

「エコシステム」って「挑戦に寛容」な雰囲気なんだ。

めぶくIDを活用した『めぶくPay』が快調にスタートしました

市内の加盟店でめぶくPayを使ってお支払いをすると、お支払額の20％（キャンペーン期間に限る、通常は３％）がポイントとして還元されます。この還元分もお店の手数料も全額が前橋市の負担です。何故、税金を使うのか？それは経済刺激策としてのコストだからです。このコストはポイントが市内を巡ることの経済活性化からまた歳入として戻ってきます。めぶくPayの商業データ分析の結果を判断しポイント還元率を上下できる仕組みだから不景気の時は還元率を上げて景気対策できるのです。バラマキではありません。市内の登録店でしか使えないデジタル通貨は市外へは流出しませんし、市外の方も使えるので外資の獲得にもなります。凄いpayです。めぶくPayは民間××Payとは違います。民間××Payは基本的に利用者・加盟店をビジネスマーケットとして捉え利

利用者にお得

○通常3%ポイント
○キャンペーン期は20%ポイント

店舗にお得

加盟店手数料
永久無料

益と情報を得る仕組みです。しかし、めぶく pay は地域社会全体を豊かにすることを目的にしています。それが判る朝日新聞の引用記事です。朝日新聞の記事を引用します。

【前橋市は12月からめぶく Pay の運用を始める。民間と協力して独自に開発したシステムを使うため、売買などのデータも地元で回して行政やビジネスに生かすことができるという。前橋市は「電子地域通貨本来の目的である地元での循環ができる」と自信を持つ】

他の自治体よりも遅れた理由は全国大手の決済システムではなく独自の仕組みを構築したからです。今まで導入された他の自治体の地域通貨では国内大手金融ビジネスによってデータも手数料も吸い上げられてきました。このデータをリアルタイムに活用して地元の行政、金融機関、お店、お客様にもお得な地域通貨が出来たのです。めぶく Pay の便益は地方再生のモデルになるでしょう。お店の経営者はデータ活用で是非利益を上げて頂きめぶく Pay のお客様へカード会社に払う必要のなくなった分の割引などをして頂くともっと地域通貨が市民に愛されるでしょう。

◆めぶく Pay の商業データはデータガバナンス委員会の審査を経て市や市内企業が個人特定できない商業資料として活用します。

column

めぶく pay の他のペイ払いにはないお得
必ず税金として戻って来ます

①子育て給付金、敬老祝い金、障がい者などへの支援給付を迅速実施
（地域限定で消費される給付金は税収で市の財政に戻ってきます）
②ボランティアの謝礼として給付も可能
（地域のボランティアの活性剤になります）
③データの活用でのお店の品揃えなどの経営指導を商工団体と連携実施
（めぶく pay は消費動向などを地域にデータを提供できます）
④加盟店手数料０　割引ポイントの負担０
（経済政策として実施し、加盟店の利益拡大で税金として戻ってきます）
⑤データから商業活動の実態や通貨の流れを分析して的確な経済政策を実施。
（日銀の公定歩合による景気刺激と同様に市もポイント還元率を変動可能）
⑥他の自治体の住民もめぶく pay を利用できるので外貨の獲得が可能
（旅行者も含め市外の方へ利用へもキャンペーン対象でお得）

めぶく pay １００億円を目指せ

前橋市が子育て支援や困窮者支援として給付する金額（ポイント）と市民が自らの現金をチャージされた金額は１３億円になりました。（１２月開始から５月末までの６か月の実績）。この調子でいけば３０億円ポイントが前橋市の経済を循環することになります。通年平均で 10%のポイント還元を行うと想定すると３億円が市の財源から必要です。でも私は景気対策あるいは生活支援の政策投資として見ています。さらに市民のチャージポイントも還元ポイントも前橋市の経済を循環し、最後は税金として戻ってきます。日銀券とは違い前橋市の１３００店舗にだけ循環する事は大きな効果があります。
※ １円１ポイントで換算。

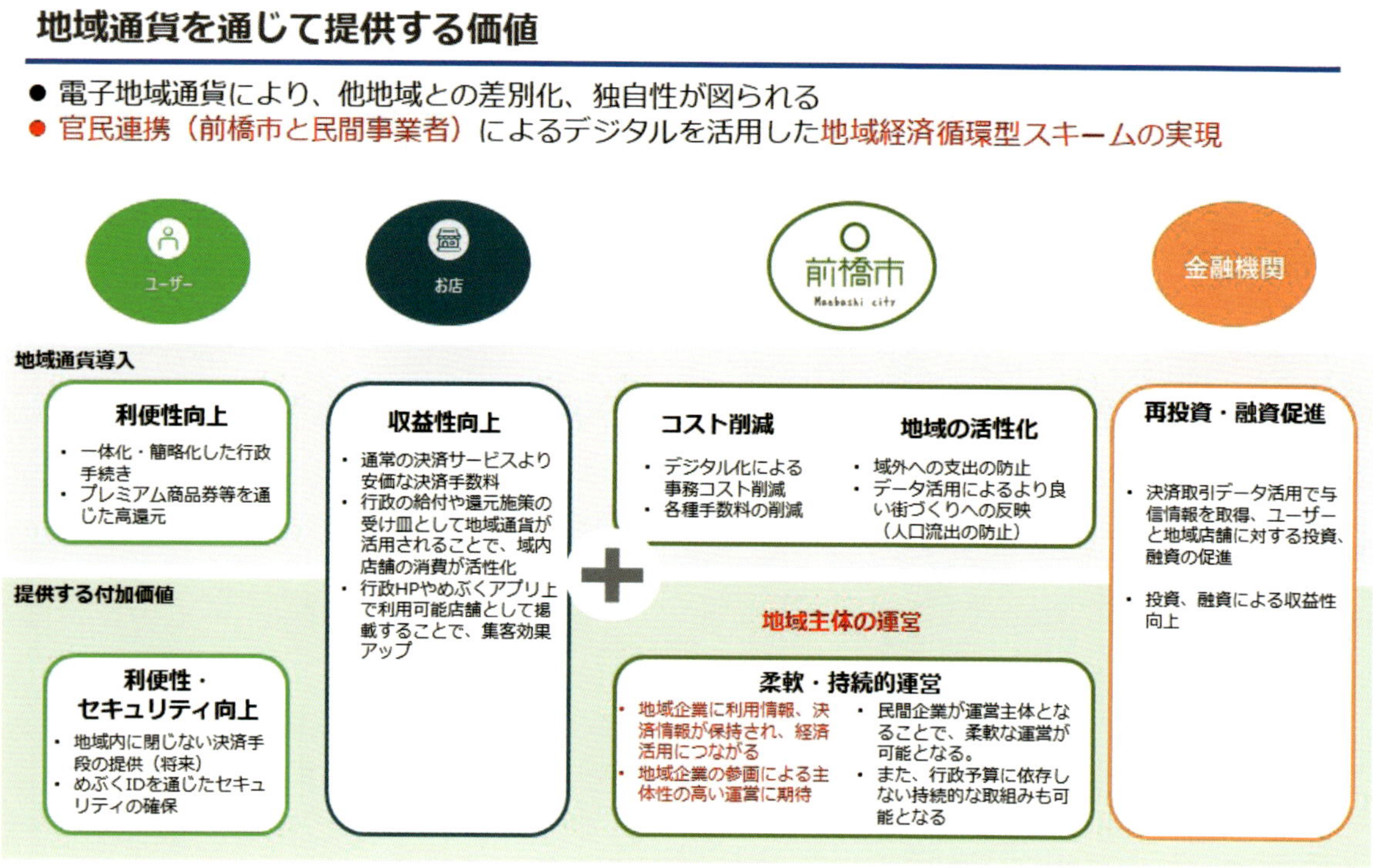
地域通貨を通じて提供する価値
● 電子地域通貨により、他地域との差別化、独自性が図られる
● 官民連携（前橋市と民間事業者）によるデジタルを活用した地域経済循環型スキームの実現
ユーザー
お店
前橋市
Maebashi city
金融機関
地域通貨導入
提供する付加価値
利便性向上
・一体化・簡略化した行政手続き
・プレミアム商品券等を通じた高還元
収益性向上
・通常の決済サービスより安価な決済手数料
・行政の給付や還元施策の受け皿として地域通貨が活用されることで、域内店舗の消費が活性化
・行政HPやめぶくアプリ上で利用可能店舗として掲載することで、集客効果アップ
コスト削減
・デジタル化による事務コスト削減
・各種手数料の削減
地域の活性化
・域外への支出の防止
・データ活用によるより良い街づくりへの反映（人口流出の防止）
再投資・融資促進
・決済取引データ活用で与信情報を取得、ユーザーと地域店舗に対する投資、融資の促進
・投資、融資による収益性向上
利便性・セキュリティ向上
・地域内に閉じない決済手段の提供（将来）
・めぶくIDを通じたセキュリティの確保
地域主体の運営
柔軟・持続的運営
・地域企業に利用情報、決済情報が保持され、経済活用につながる
・地域企業の参画による主体性の高い運営に期待
・民間企業が運営主体となることで、柔軟な運営が可能となる。
・また、行政予算に依存しない持続的な取組みも可能となる

リアルタイムの めぶく pay データは経営に役に立つ

めぶく pay は消費行動を分析し商業活動に活用できます。このデータは月次どころかリアルタイムでの把握が可能になります。四半期データや月次の経済指標を基にした経済政策はタイムラグが大きくスピードが重要なビジネスには役に立ちません。ひと月前のデータをもとに来月の政策を行えば2か月の時間差になります。リアルタイムのデータを判断して実行するべきです。それが自治体の経済政策に発揮できるのです。更にはデータ分析結果を経営指導される商工会議所、商工会、店舗にも共有すれば消費行動をもとに経営指導が可能です。凄い力を手に入れたのです。

善意への謝礼、政府給付金も即入金

めぶくポイントをボランティアの謝礼として活用できます。例えば、障害者の買い物支援などの活動に対して謝礼として５００ポイント、自治会のごみ収集ボランティアへお弁当代５００ポイント。お手伝いした孫へ祖父母から５００ポイント…チョットした善意へのお礼にこのポイントを活用すれば共助の輪が広がっているはずです。また、ボランティアの謝礼にポイントを支給することで市民の〝つながり〟を育んでいきます。

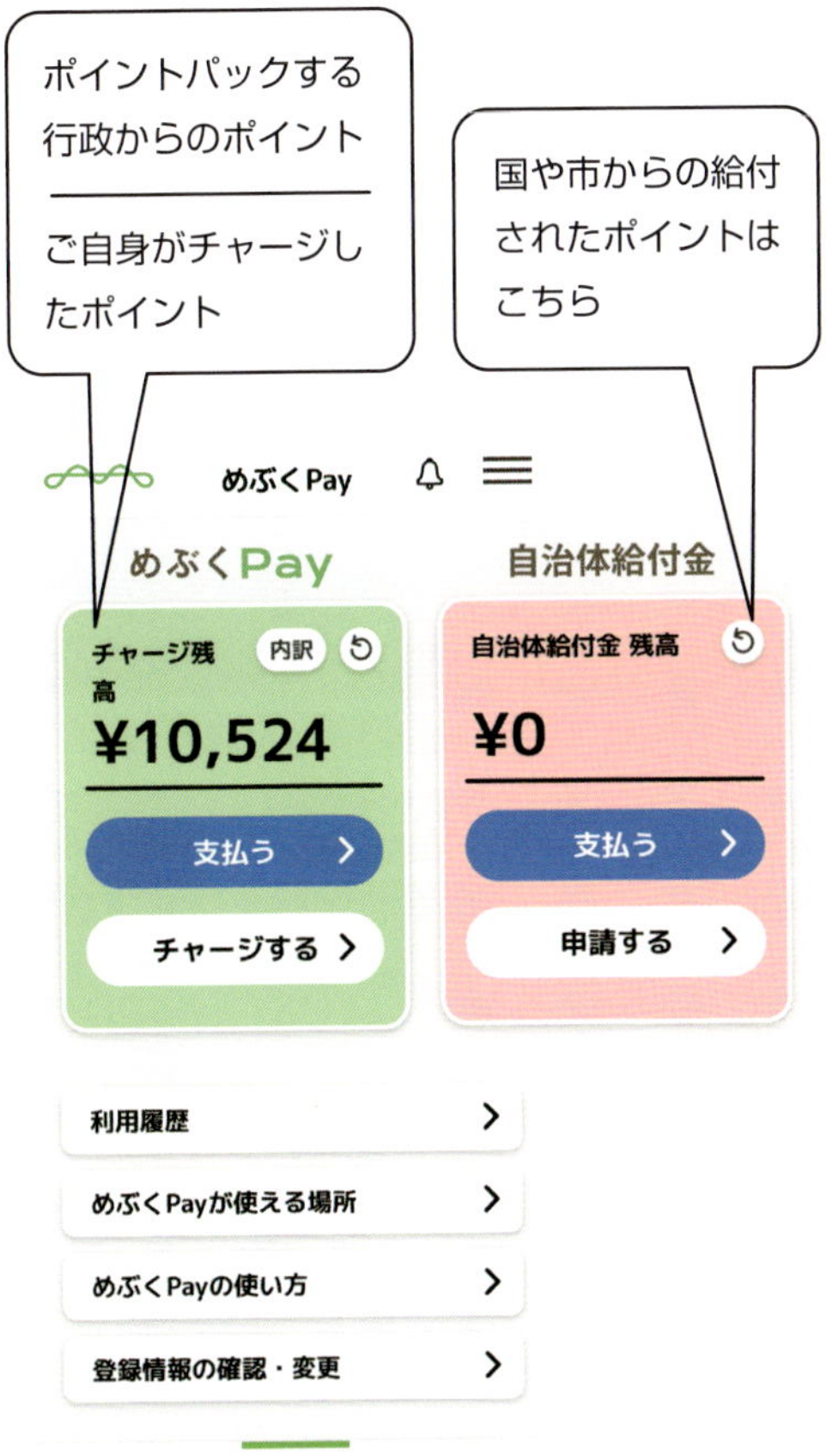

自宅持ち帰りタブレットで学習支援。めぶくＩＤは子ども達の悩みの相談も

コロナのパンデミックの中で群馬県補助を頂き児童生徒へ約3万台のタブレットを支給しました。そして自宅における通信料、ドリルアプリや保護者との連絡アプリなどの負担も市が行い自宅に持ち帰り方式にしました。タブレット授業導入により教育現場の負担を減らす活用方法にも取り組んでいます。5年経ち、子どもも学校も機能的にタブレット端末を活用されています。とくにタブレット授業のなかで児童生徒がどの科目のどの部分に学習の壁があるのか見えるようになり児童生徒が個々に抱える学習課題を先生やアシスタント教師がアドバイスをするなど教育の個別最適化を進めています。教科指導の面以外にも教師の採点の合理化や保護者との連絡配信、学級通信などのネット配信など学級運営や保護者連絡などの面での活用も教育現場の教職員の負担減につながる筈で

す。さらに、いじめ・虐待・ヤングケアラー・LGBT…などの秘匿性の高い相談もめぶくIDの活用でカウンセラーと児童生徒が互いに安心して話せる体制が可能です。

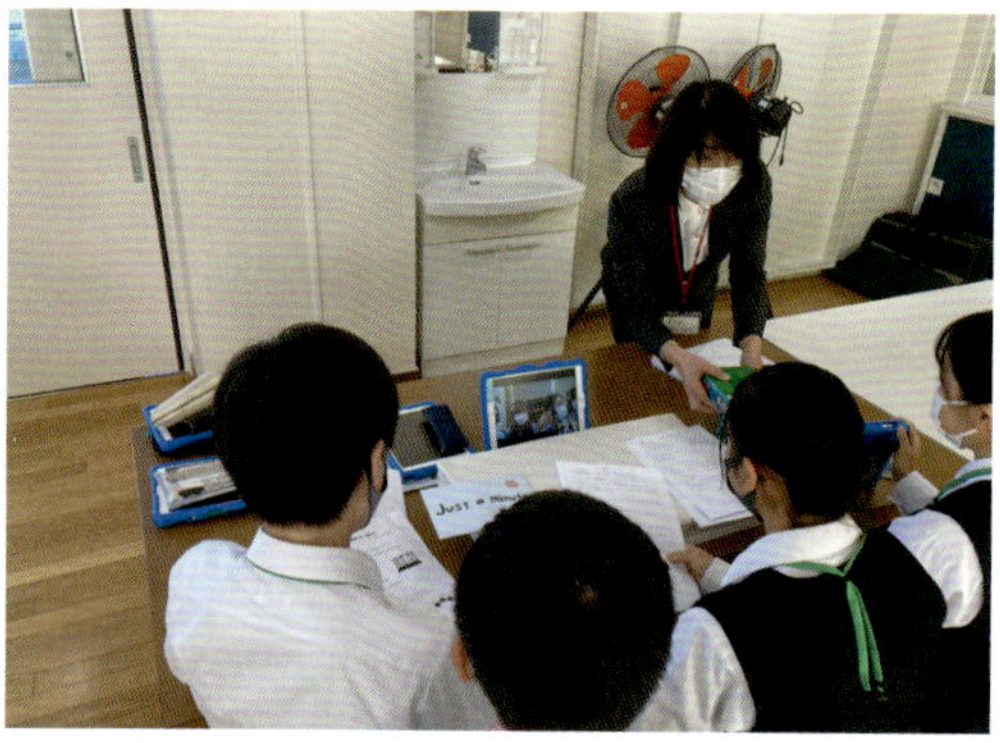

スマホ講習会と簡単スマホ
誰でも使えるデジタルになります

皆がネットワークに参加できるように、スマホ講習に近所のデジタルサポーターの力を借りましょう。講師には無償ではなく指導の謝礼として「めぶくポイント」を提供する仕組みも大事です。若者やデジタルが得意な市民が地域の高齢者とスマホ教室で顔見知りになって地域貢献する助け合いの場です。並行して、高齢者や障害者が簡単に使えるようインターフェースの改良（顔認証や音声操作など）などの技術革新も必要です。イノベーションは日本の得意技です。

スマホを持たない高齢者は顔認証で簡単ＩＤ

マイナンバーカード＋スマホ＋顔認証の組み合わせる「めぶくーＤ」が、インターネット上の本人確認に不可欠ですがシニア向けの簡略化は可能です。少額の買い物などに利用できる顔認証だけの簡易版めぶくＩＤの取り組みです。昔、近所の店で顔パスの買い物が出来たようにデジタルの活用で昔の善き時代に戻れるのです。

顔パス決済の前橋に

お孫さんのタブレットがワクチン予約で大活躍

コロナの感染症が拡大するなか高齢者の電話ワクチンの予約がつながらない際に「スマホで親孝行。高齢者のワクチンの予約を手伝ってあげてください」とのメッセージを発信しました。こんな優しいお手伝いがデジタルで実現できました。高齢者の方々にとって遠くに住んでいる息子や娘や一緒に暮らす孫たちがデジタルの先生なのです。デジタルは遠くに離れていてもお手伝いやお節介ができる素敵な道具なのです。

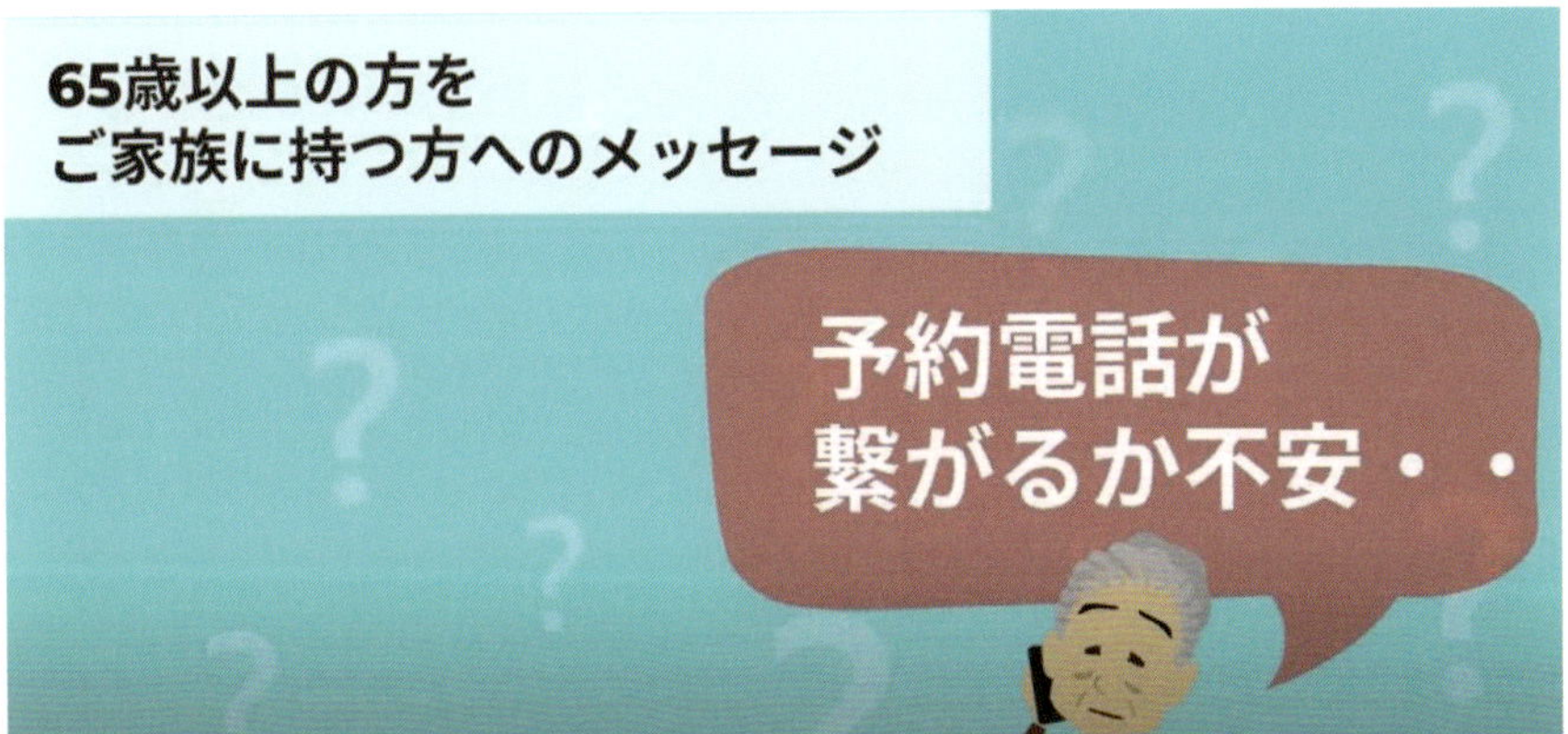

高齢者や障がい者のスマホ教室を地域で

公民館でのスマホ教室など地域人材にお願いしたらどうでしょう。「教えてほしい」という人と「応援してあげたい」という人材の結びです。地域を見つめ直せば人材はおられるはずです。デジタルがグローバルに広がるのとは反対に足元の地域に解決の力があるのです。顔の見える地域の大切さを感じます。昭和の時代まであった地域の助け合いを國領二郎＊さんが「皆で持ち寄った過去のよき支え合いの慣習をサイバー時代に再生する」と表現されています。デジタルで昔の善き社会へ戻るのです。＊コラム参照

デジタル困り事 共助
前橋市 サポーター募る

デジタルおばあちゃんが子どものゲームの先生に
シニアを社会の担い手にしないともったいない

『最高齢94歳が抜群のリズム感！世代と障害超え熱戦』の記事を上毛新聞社で発見しました。北沢彩記者による高齢女性と車いすの高校生がコンピューターゲームで活躍との内容です。デジタルグリーンシティはリアルとデジタルが融合することで、技術が人に寄り添い、誰一人取り残されないまちづくりです。シニアのデジタルによる生き甲斐を説明しても具体的に見えるものではなかったため、イメージが湧かない方も多かったかもしれない。この記事は私が考えていた高齢者の生き甲斐を生むデジタルの活用をイメージさせてくれました。デジタルは高齢者にも障害者にも居場所を提供してくれる優しいテクノロジーなのです。

column

デジタルは昔の絆を取り戻すルネサンス

私が聴講した講演会で福田尚久さん（めぶく ID の開発者）は「GAFA 対前橋」と語りました。「世界を大気のように覆う GAFA に対抗するには、私たちが地域に根差していくこと」。と下段のスライドを示されました。そして福田さんは地域に深耕したデジタル通貨めぶく Pay を生み出したのです。「地域の人々に富と情報が残るものにして行こう！」とのメッセージです。さてこれは商業だけの話ではありません。地域の共同体をもう一度デジタルによって復元したいという思いです。

福田さんはこうも語っています。「人間がテクノロジーに寄り添う必要はない。テクノロジーが人に寄り添うのです」。彼は顔パスによるめぶく ID の簡易版を市民に提供しようとしています。高齢者や障がいをお持ちの市民には歓迎されるでしょう。顔パスが昭和の時代に可能だったのは近所に暮らす人間同士が互いに本人と認め会えた地域の絆があったからです。慶応大学教授の国領二郎さんの言葉「サイバー文明は誰が作ったモノを誰が買ったのかが分かる社会への回帰」が示す意味と通じるものと感じます。

この二人の思いの重なりは偶然ではない筈です。未来社会のあるべき姿が見えているのです。実は僕たちはデジタルという道具を通じて心地よい昔の絆社会を取り戻そうとしているのです。それが共助型未来社会でありデジタル & グリーンです。そしてデジタルによるルネサンスなのです。

GAFAMへの対抗戦略

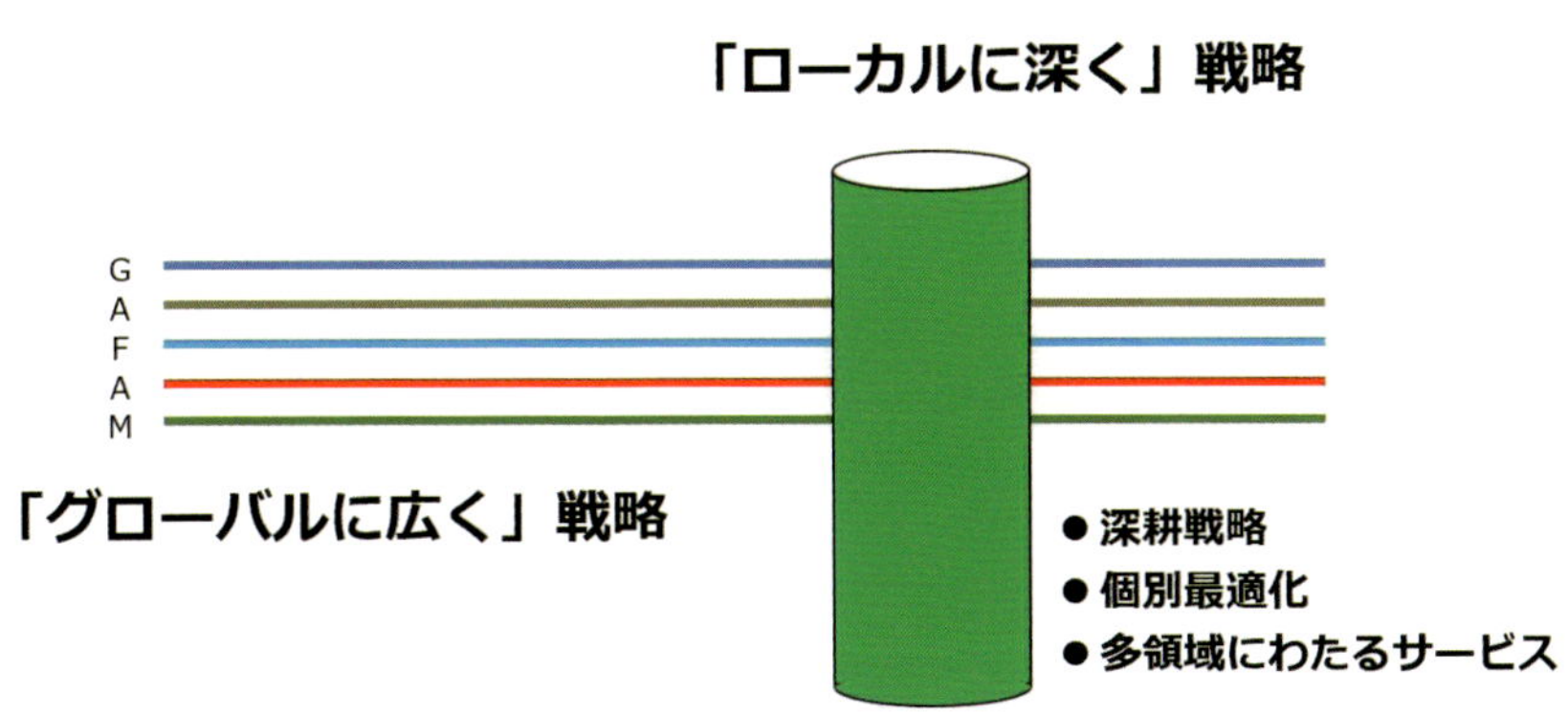

＃8
5G ＆ めぶく ID で交通を革命する
MaaS は人をつなぎ社会をつくる

※ MaaS（Mobility as a Service：モビリティ・アズ・ア・サービス）とは交通手段を最適に組み合わせ、検索・予約・決済などを一括で行えるサービスのことです。

高齢でも障がいがあっても自家用車以外で移動できれば社会は変わる。お店は駐車場も要らない。街並みに集いの場所が生まれ、前橋城のお堀も復元できる。交通結節点(乗り換えハブ)から賑わいが拡がっていく。

車椅子の人は車椅子のリフトが付いてないタクシーには乗れません。バス停まで歩けない人にバスは役に立ちません。MaaS は一人ひとりのニーズに合うように移動できる仕組みです。

デジタルで救急車の搬送時間を短縮
5Gでの医療情報の共有化

前橋市は年間1万8000回の救急車の出動を搬送時間の短縮をデジタルによって行ってきました。目標は日本で最も早い26.2分の久留米市消防局の搬送時間です。（前橋市は29分東京消防庁は50分）単に時間を競っているわけではありません。全ては救命率を上げたいのです。そのためには医療提供のスピードとクオリティを上げなくてはなりません。1分1秒の遅れは生死や後遺症の有無にも関わってきます。意識のない場合は顔認証で医療情報を得る検証など救急搬送の体制強化に取り組んでいます。しかし医療情報の提供に本人の許諾が必要ならば、意識のない患者さんの許諾はどうするのでしょうか？デジタルを活用する仕組みに進化しないともったいないです。

救急搬送中の患者の状況を医師による遠隔監視

日赤病院と連携して、救急車内を患者画像やバイタルデータの５Ｇ伝送

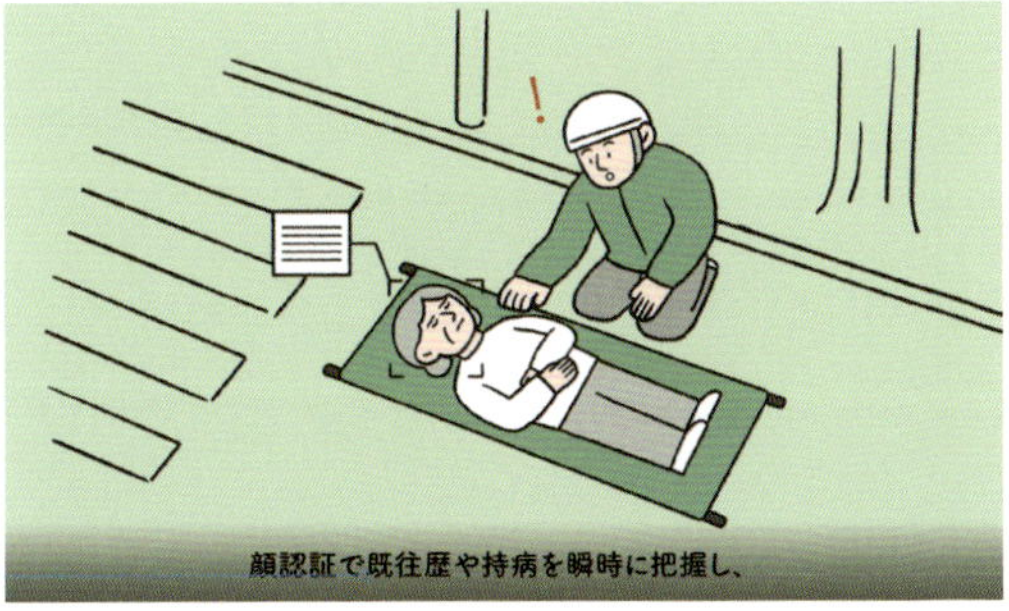

意識のない患者は顔認証で医療データを参照できる機能

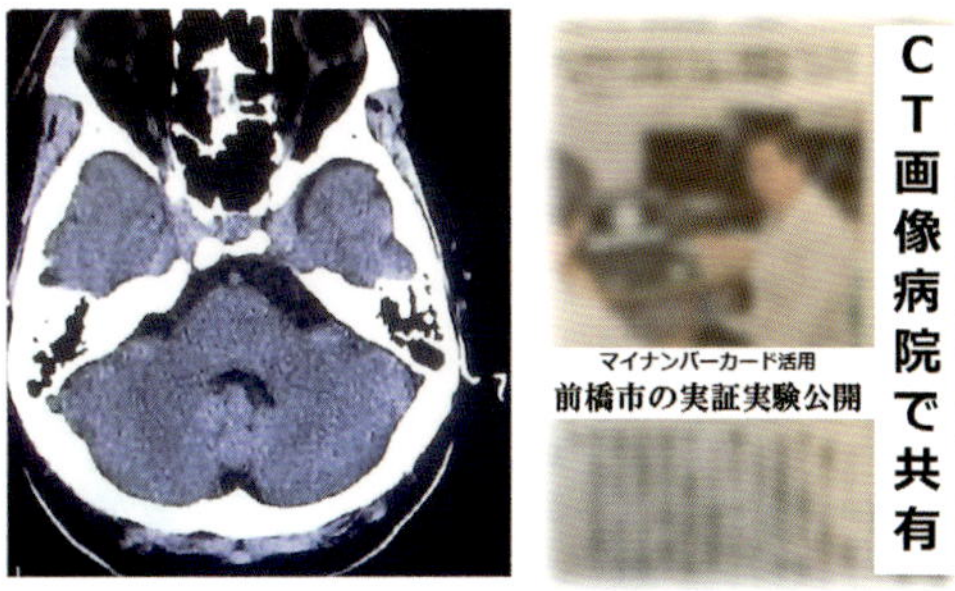

ヘルスレコードへのアクセスによる既往症等の確認

前橋消防の活躍と進化
Dr カー・Dr ヘリ・5G 伝送

全国の消防局の救急患者の搬送時2019年より未公表のため比較出来ませんが以前に公表データでは久留米消防局が中核市最速で、そして前橋はそれよりも3分ほど遅いながらも中核市の中では第二位でした。それ以来、消防局長さんを先頭に病院連携、そしてオンラインでの患者情報の共有、ドクターカーの運用、ドクターヘリとの連携強化、防災ヘリへの隊員派遣…に取り組んでいます。加えて医療の充実があるからこそ搬送時間短縮や救命維持が可能なのですから前橋市は恵まれていると思います。日赤前橋病院・群馬大学病院とのドクターカー連携も消防が独自に両病院との信頼の中で築い上げたのです。そして済生会病院、県立心臓血管センター、群馬中央病院・・・連携こそ命の要です。

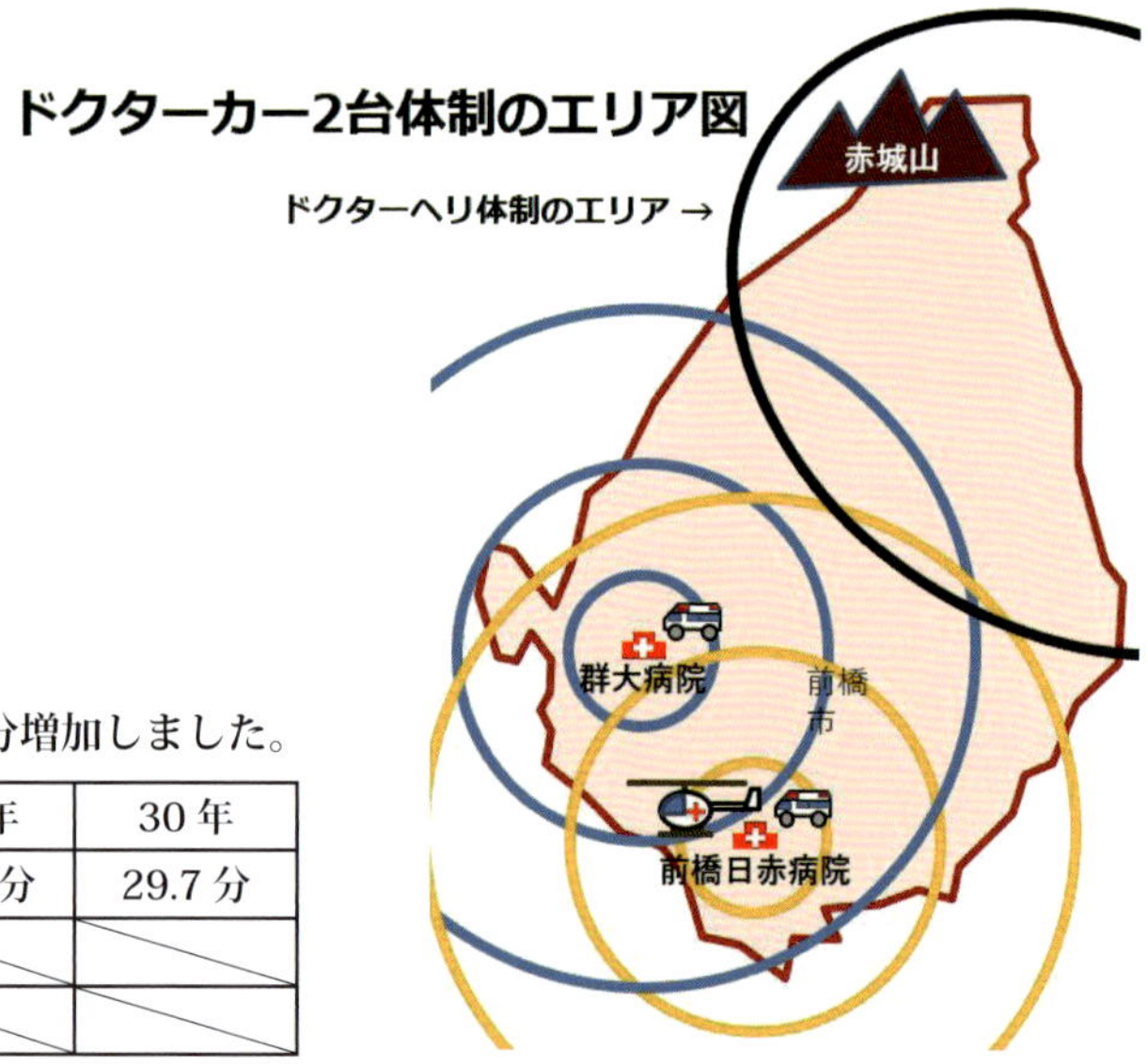

医療機関収容時間
本市は、昨年より医療機関収容時間が0.1分増加しました。

	27年	28年	29年	30年
前橋市	29.9分	30.0分	29.6分	29.7分
群馬県	36.4分	36.6分		
全国	39.4分	39.3分		

※29年の群馬県及び全国平均値は未公開のため計上しておりません。

前橋消防局の挑戦の成果です。日本最速は実現できます。

デジタルを活用してお客さんの乗り合いへ。空車タクシーのフル稼働でウーバーは不要です。

同一方向へ向かう利用者をＡＩの配車システムを活用し乗りたい人と空き席のあるタクシーを組み合わせて移動のコストを低料金化できます。空車のタクシーがなくなるはずです。乗る人もタクシー会社もそしてタクシー補助をする市役所にとっても合理的な仕組みになります。すべてのタクシーと乗客を管理するのにはＡＩの力を頼るしかありません。しかし、この乗り合いタクシーの課題は料金の分担をどうするかです。法律では規定されていないのです。左図のように、それぞれの乗客に料金を設定するデジタル時代の法律が必要です。

【図1】Ａさんが温泉に行こうとしてタクシーに乗っています。空いている席があります。

【図2】同じ方向の病院に行くB子さんと買い物へ行くC子さんから配車依頼が発生

【図3】少し遠回りですがB子さんC子さんを乗せて、それぞれの目的地に送ります

皆で乗るとお得な AI乗り合いタクシー

図1

図2

図3

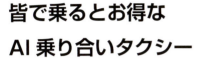

お客さんはスマホを2回タッチ、AIがタクシーを配車します。音声でもOK

「スマホでなくても人間の電話受付でもできるだろう」と思うかもしれません。しかし、配車と行先希望の電話が何百人からあった場合に希望に応じた最適運行は人の力では困難です。しかもお客さんが車椅子だったら車椅子キャリアカーしか配車できないのです。複雑な道順、車両選択、到着時刻を瞬時に判断し目的地まで安く早く届けることができるのはAIだけです。しかも乗った距離に応じた料金を計算しなければなりません。まだ政府はタクシーを出発地から目的地までの料金設定方式に留まっています。スマホによるタクシー依頼、AI配車、料金計算、決済が便利な移動に必要です。政府のルールづくりが待たれます。

Suica で便利に。MaaS で駐車場代が不要
「まちづくり」は交通政策から始まる

前橋市の交通デジタル化がデジタル田園都市国家構想へ令和5年2月に採択されました。（マイナンバーカード利用横展開事例）JR東のSuicaとマイナンバーカードを紐づけて鉄道・バス・マイタク・シェア自転車と買い物までの移動が簡単になり、さらにマイナンバーカード情報により市民を証明できることで乗車料金や買い物の支払いまで市民割引を可能にする仕組みです。車無しに外出できる仕組みが運転免許返納者や障がい者の外出を支えてくれるはずです。レストランもお店もお客さん用の駐車場を減らせる効果もあります。「免許を返納してからご無沙汰だった馴染のお客さんがバスやタクシーで買い物に来て下さった」との嬉しい報告もあります。

まえばしから『ぐんまMaaS』へ

これは群馬県のアイデアです。まえばしMaaSが県域へ拡大したことで交通は自治体の枠を超えます。伊勢崎市や高崎市の病院へ行きやすくなるなど市町村の境界を越えて移動できる便利な仕組みになります。前橋市が取り組んできたMaaSが群馬県から全国に広がって行ってほしいと思います。

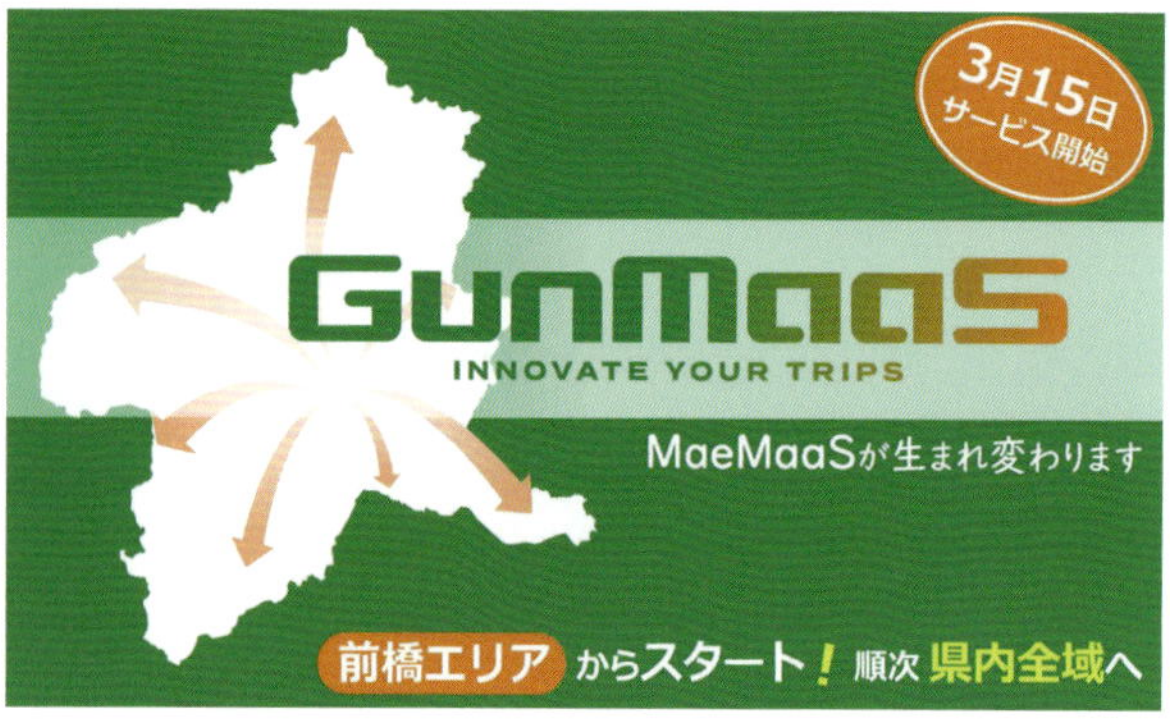

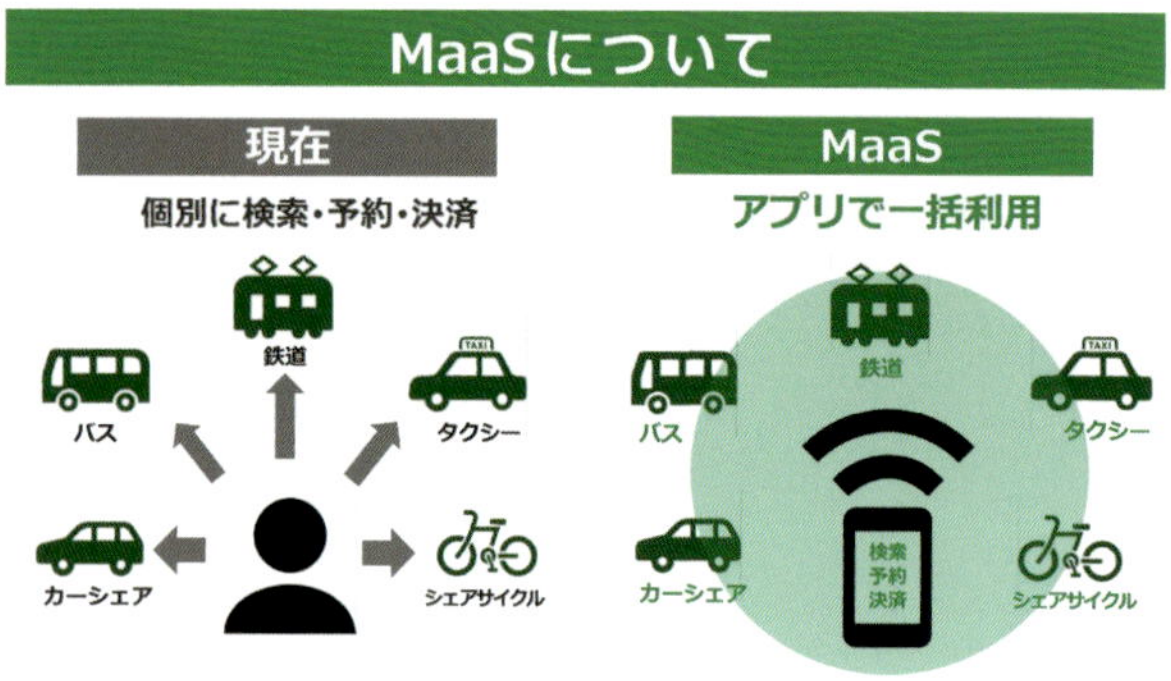

交通+Suica+めぶくIDで個別最適化サービスへ

公共交通利用で障がい者割引、学割、高齢者割引、妊婦割引…を受けるには現在、紙の証明書が必要となり手続きも大変です。そこでSuicaとマイナンバーカード連携による市民証明で割引決済が可能になれば便利です。更にめぶくIDと連携すれば、将来的に個人の属性を予め考慮した多様な割引サービス設定できるようになります。車椅子が必要な場合など個別最適な交通サービスが受けられるようになります。誰もが安心して外出できるスマートなモビリティ社会が実現できるでしょう！

MaaS とは誰もが外出できる自由を尊重する考え方

車椅子の人は車椅子のリフトが付いてないタクシーには乗れません。バス停まで歩けない人にバスは役に立ちません。MaaS は一人ひとりのニーズに合うように移動できる仕組みです。さらに前橋ではマイナンバーと Suica の組み合わせが割引や決済を簡単にしていくでしょう。いろいろな交通の乗り換えも簡単になります。シェアサイクル、AI乗合タクシー、マイタク、バス、鉄道…。「外出できることと自然の中で暮らせることは基本的人権」だと私は考えます。

MaeMaaSの推進 1

これまでの公共交通：事業者毎にバラバラ
➡「1つのサービスに」＋αの付加価値

1つのサービスとは言っても乗換が前提
（スマホで検索・予約・決済ができるだけで利便性が上がるわけではない（特に地方では））

乗換抵抗を軽減するために

①シームレスな移動環境構築（フィジカル整備）
- ダイヤ事業者間調整
- ICカード導入
- **共同経営**

②目的地までの全体運賃の軽減
- サブスクリプション
- 乗継割引
- 目的地との連携（商業連携）

③全体としての情報案内
- 経路検索機能
- デマンド予約

ICT技術を活用

データ整備・取得が必要不可欠（かつ事業者間仕様統一）

タクシー実車率が増えればウーバーは不要に

最近では、高齢者のデイサービスの送迎車両をタクシーに委託し一元化するというチャレンジも始まりました。タクシーは乗り換えストレスが少ない交通です。高齢者や授産施設に通う障がい者にとっては移動時間が増えてもドア to ドアは喜ばれます。タクシーの実車率を増す仕組みをデジタルによる乗り合い（シェア）の導入によって可能にするべきです。空走時間はもったいない。

通所介護施設対象に
送迎のＩＣＴ導入経費支援
前橋市が補助事業

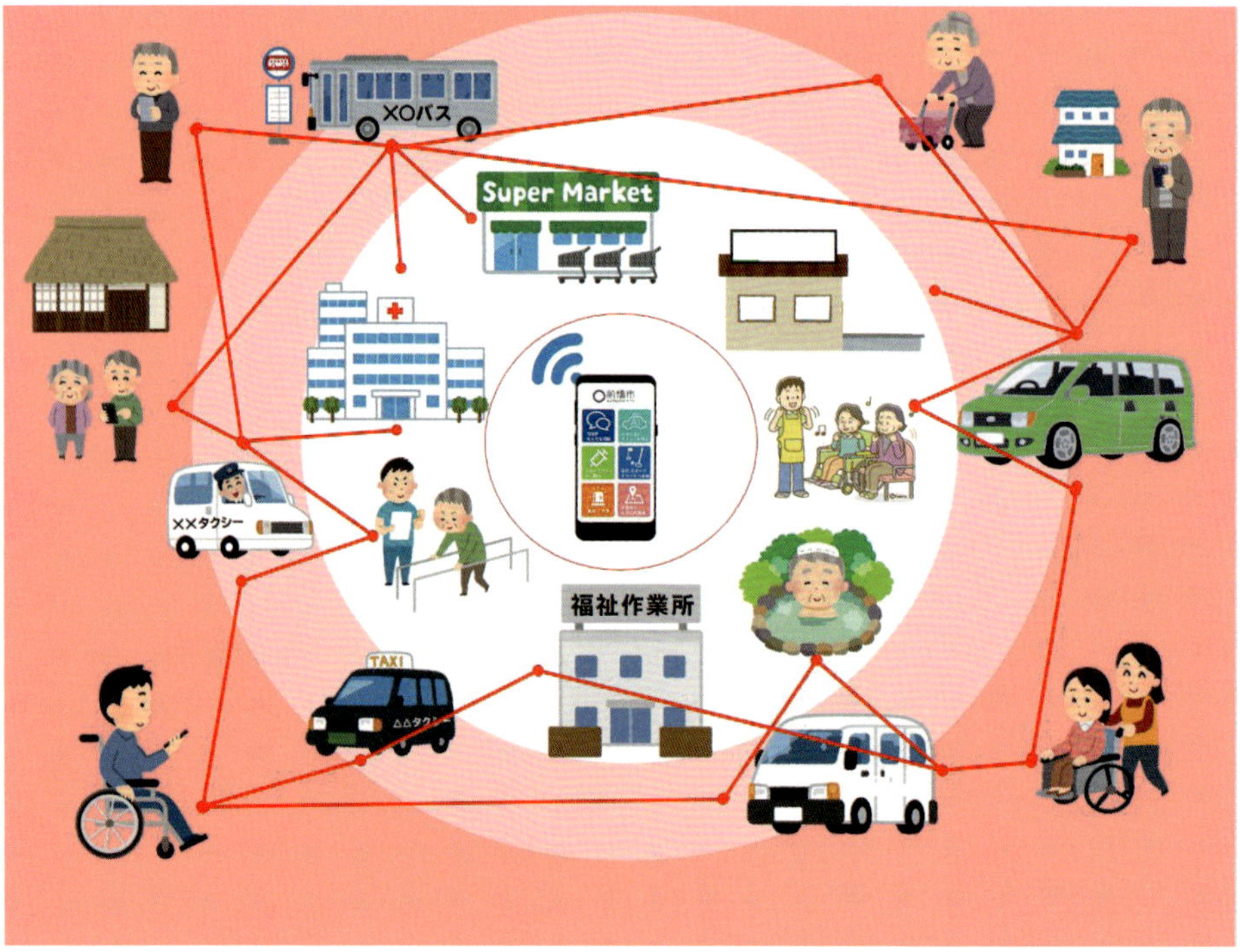

column

「デジタルとタクシーシェアリングで車椅子やストレッチャーでも外出できる社会をつくる」

ソーシャルムーバー株式会社：北嶋史誉さん

デイサービスなどの福祉施設の毎日変わる送迎車運行はリハビリや作業療法士などの介護スタッフにとっては慣れない仕事です。北嶋さんはデジタル活用で利用者の最適な送迎ルートを教えてくれるアプリを提供しています。送迎忘れ等のミスも解決します。カーシェアの活用では複数の福祉施設がそれぞれの利用者を送迎する無駄を委託することで合理化がアプリの活用で可能になります。以下のメリットがあります。

①施設は送迎から解放された介護スタッフがケアに集中でき送迎車両も不要になる
②施設スタッフは慣れない送迎負担から解放される
③利用者は介護タクシードライバーの介助で送迎車に乗り降りが楽になる
④介護タクシーは朝夕の施設への送迎を定期的に受注できる。

さらに、朝夕の送迎以外の時間帯での高齢者や障がい者の福祉運行との新しいビジネスも生まれます。障がい者、要介護者の方もデイサービスやデイケア以外にも外出したいはずです。この場合は前橋市の場合はマイタクの助成も支払いに使えるのでお得です。これが北島さんの介護タクシーをデジタルとシェリングで新しい移動資源に変えるというアイデアです。

介助がなければ車に乗り降り出来ない障がい特性を持っている人たちが移動するのは人の介助が必要なのです。AI 自動運転バスが玄関に迎えようとも解決しないのです。タクシーのドライバーさんとの馴染が大切なことと感じます。まさに人と人とを結ぶ信頼 (なじみ) こそ移動のインフラなのだと感じました。タクシー会社にストレッチャーや車椅子まで乗れるタクシー車両と介護のサポートを学んだ運転手さんを増やしてもらおう。二種免許の取得の補助やヘルパー講習などを県や市で行っていくことも大切なリスキリングなんだと思います。

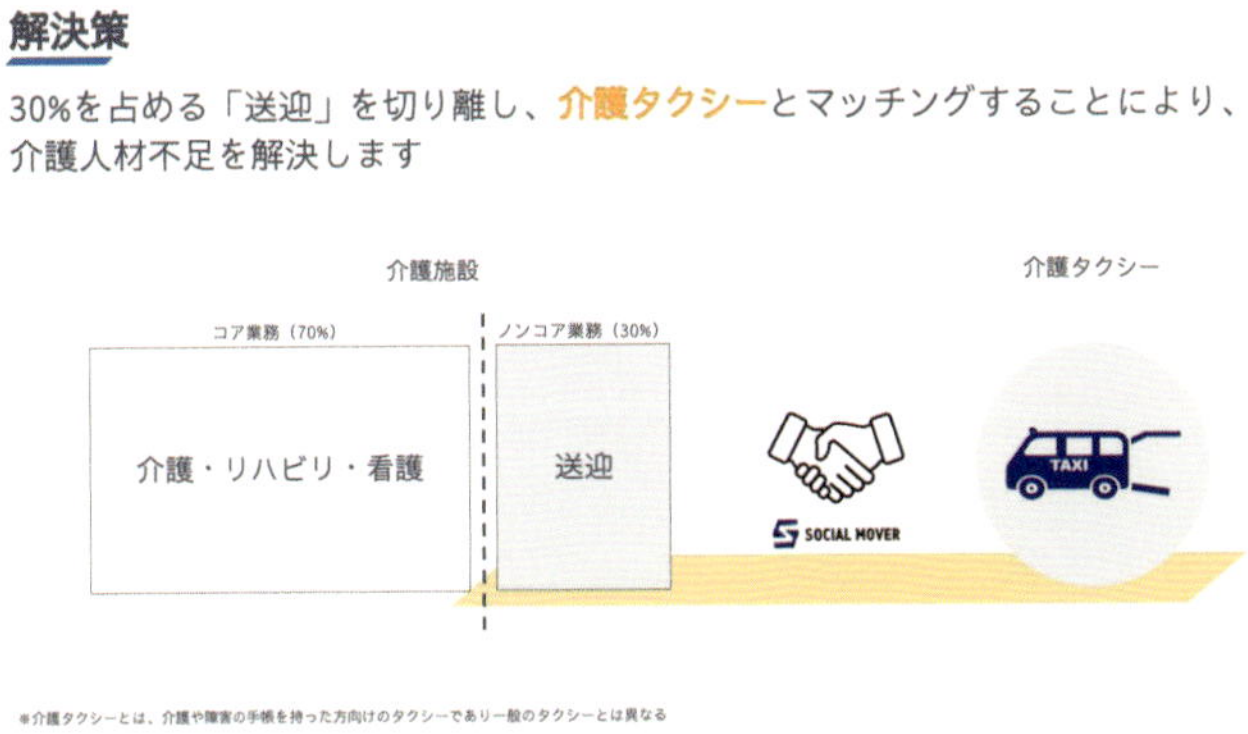

みんなと蒔いてきた未来への種　共助社会へアップデートする

2025めざして
前橋市の自動運転バスが走り始める

誰でも自由に外出できる仕組みは特に障がい者や高齢者では重要です。さらに速達性や定時性以上に個別最適化が求められています。自動運転デマンドバスが無印良品と研究開発を行うフィンランドのSensible 4の共同で進められています。その「GACHA（ガチャ）」という名称は多様な暮らしの形を詰め込んだ玩具カプセルのイメージからの命名だそうです。GACHA同様に前橋市では群馬大学と連携して2025の実用を目指しています。いつか赤城山の吹雪の中で皆を乗せる姿がみられるだろう。

自動運転バスの本格実装に向けたロードマップ

○Ｌ４実装に向けた課題

２０２４年度

●ODD手続き準備
●障害物検知機能の改善
協調型信号化装置や路側センサ（LiDAR）からの先読み情報の取得と制御反映
●障害物対応環境シミュレータによる分析
低頻度高リスクケースの網羅的分析
●路側連携強化
シミュレータ等による分析で抽出されたリスク箇所へ強化
●自己位置推定冗長化
（2系統以上の維持）
●遠隔管制室の整理
複数交通事業者の自動運転路線を統合管理する技術的、運用的、法的整理

２０２５年度　実装へ

●段階的な実装へ
・ＯＤＤ認可を獲得
・他地域・他路線への横展開を検討

２０２３年度

●走行技術の向上
●実運用対応とＯＤＤ手続き準備
・長期の自動運転運行によりＰＤＣＡ実施
・ＯＤＤ認可の障害になる事項を解決

２０２２年度

●走行技術の向上
●遠隔管制室構築
●車両へのＡＩ技術の搭載
●実装に向けた認可手続きの準備

２０２１年度

●５Ｇ環境での伝送速度の向上、２台同時運行
●蓄積した課題の整理と対策検討

5G

２０２０年度

●５Ｇ環境、路側カメラによる遠隔監視の高度化
●マイナンバーカード×顔認証技術の検証

BIG DATA

２０１９年度

●２台同時運行
●遠隔監視
●マイナンバーカード活用した乗客管理

２０１８年度

●公道での緑ナンバーでの自動走行
●社会受容性調査

2025年度までに50か所程度での社会実装を目標
※デジ田総合戦略に記載有

タクシー助成額＋福祉タクシー利用も拡大へ

マイタクは前橋市の独自のタクシー乗車支援制度です。高齢者、障害者、妊婦さんなどへ移動支援のタクシーの補助（一回乗車５００円・単独最大１０００円補助）を行っています。マイタク登録者数は約３万人に達しました。７年前から始まったこの制度もデジタルで改革してきました。紙のクーポンチケットの乗車証明をマイナンバーカード認証へ変更しました。その結果、月末に市役所に集まる１万枚以上のチケットの請求処理が無くなり事務コストが２０００万円も縮減しました。タクシー会社の経理の方も個々に支払いを受ける運転手さんもチケット集計も不要です。※２０２４より補助の拡大と福祉タクシーの利用も出来るように改定予定です。

マイタクシステムの概要

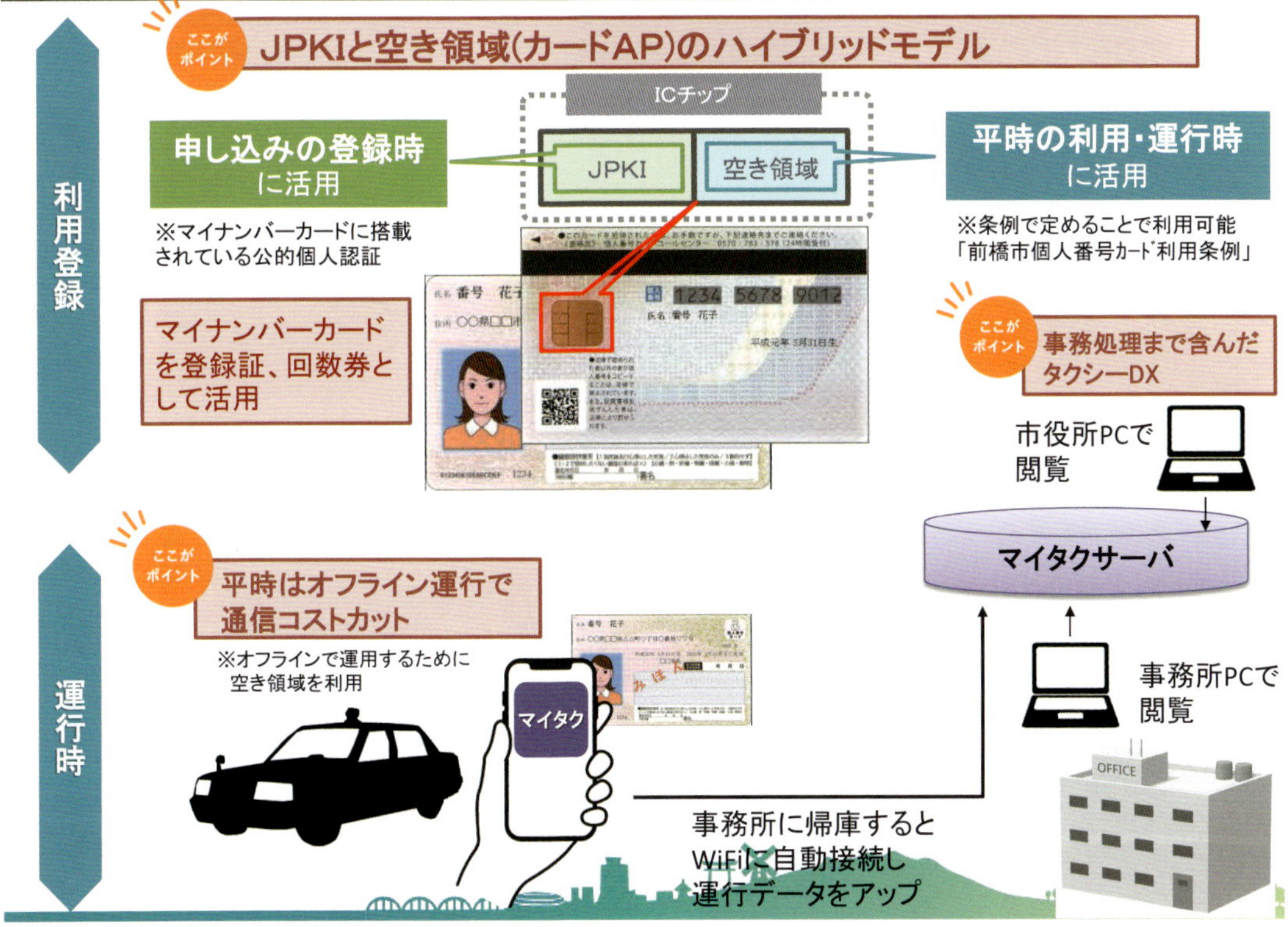

シミュレーターでの運転特性診断で交通事故ゼロへ

事故ゼロは事故原因を究明できれば可能です。トムス社はシミュレーターの中に映し出される実際のデジタル映像を見ながら運転するドライバーのデータを測定することで事故原因を探る研究をしました。それによって事故の原因は道路構造のミスなのか？ 運転ミスなのか？・・・様々な課題を発見し改善すれば事故は減るでしょう。このシミュレーターを群馬県警の高齢者免許講習に提供しようとしています。さらにこの研究が保険制度まで変えるでしょう。そもそも保険料は事故発生率に基づいて設定されます。この他にもＡＩや運転サポートシステムなどの技術革新によって保険料は再設定されるでしょう。保険会社にも契約者にも合理的です。だから次ページの運転スコアを提案するのです。

column

政府への提案　「運転適性スコア」導入で交通事故ゼロへ

政府や国会の仕事は新しいルールを作り、今までのルールを変更して行くことです。よき未来の社会の姿を国が示せば新たなサービスやソリューションが生まれるのです。

運転適性スコアとはどのような制度？

本人の運転を長期間モニターして運転適性スコア化し優良運転者の基準を作る制度です。長い期間での特性データから評価された運転適性指標を免許所持の参考資料にしようとする制度です。

どのようにモニターするのか？

運転免許証を紐づけたマイナンバーカードをセンサーに挿入し得た運転情報から運転適性を評価します。長期にわたり蓄積されたスピード超過、急ブレーキ、急ハンドル、急加速…個々の運転データから判断する運転適性スコアは個人の運転特性を明確にします。

優良適正のドライバーがお得になるの？

もちろん良いスコアの人は免許更新の際の特典などを政府は考えていくべきでしょう。しかし政府以上に民間サービスはスコア活用の新サービスを提供されるしょう。このスコアが安全運転を心掛ける社会機運をアップデートすることに繋がるのです。

社会がどうに変わるでしょう？

ドライブレコーダや心拍、脳波、眼球移動などのセンサー開発も加速するでしょう。高齢者の注意力を確認するためのバイタルセンサーの開発が最も期待できます。今後、車載センサーの開発が進みこれらを基づいた運転適性スコアが新しい免許更新制度や民間サービスへ広がり、交通安全を支えるテクノロジーが生まれるでしょう。

※長期の健康データを常時モニターしていればその人の健康状態に合わせて行政の保健師さんやホームドクターの健康指導が可能だとの話は＃8で述べます。病気や不登校も暴走運転もその兆候をモニタリングで防げるのです。

＃９
データ活用のプラットフォーム
あなたの暮らしを支える未来です

社会には声を上げずに痛みを我慢している人がいるはずです。誰が何に困っているのか？対象を把握してその先の課題を予測できる力がデジタルにあります。市民に問題が起きる前に先手を打つ。この章では私が妄想するデジタル活用のお話させていただきます

情報の掲示板「グッドグロウまえばし」
市役所はあなたへお節介できる

近所の行事や趣味のイベント…を後で聞いて残念な思いをした経験は誰もあるでしょう。あなたにとって価値のある情報をお届けする掲示板をつくりました。妊娠届が出された方へは子育ての情報を、次には検診や保育園入所案内を…おせっかいが必要です。あなたのこれからの人生の旅の節目に必要な情報です。便利な情報だけでなく悩みを共助で解決できる仲間がいることもお知らせしています。そこはめぶくＩＤに認証された信頼できる安心の場です。ボランティア活動の共助のお礼に「めぶくポイント」の給付も必要でしょう。先ずは皆さんが助けを求める声をこの掲示板で上げて下さい。

デジタル田園都市構想のアイデア部門で最優秀賞

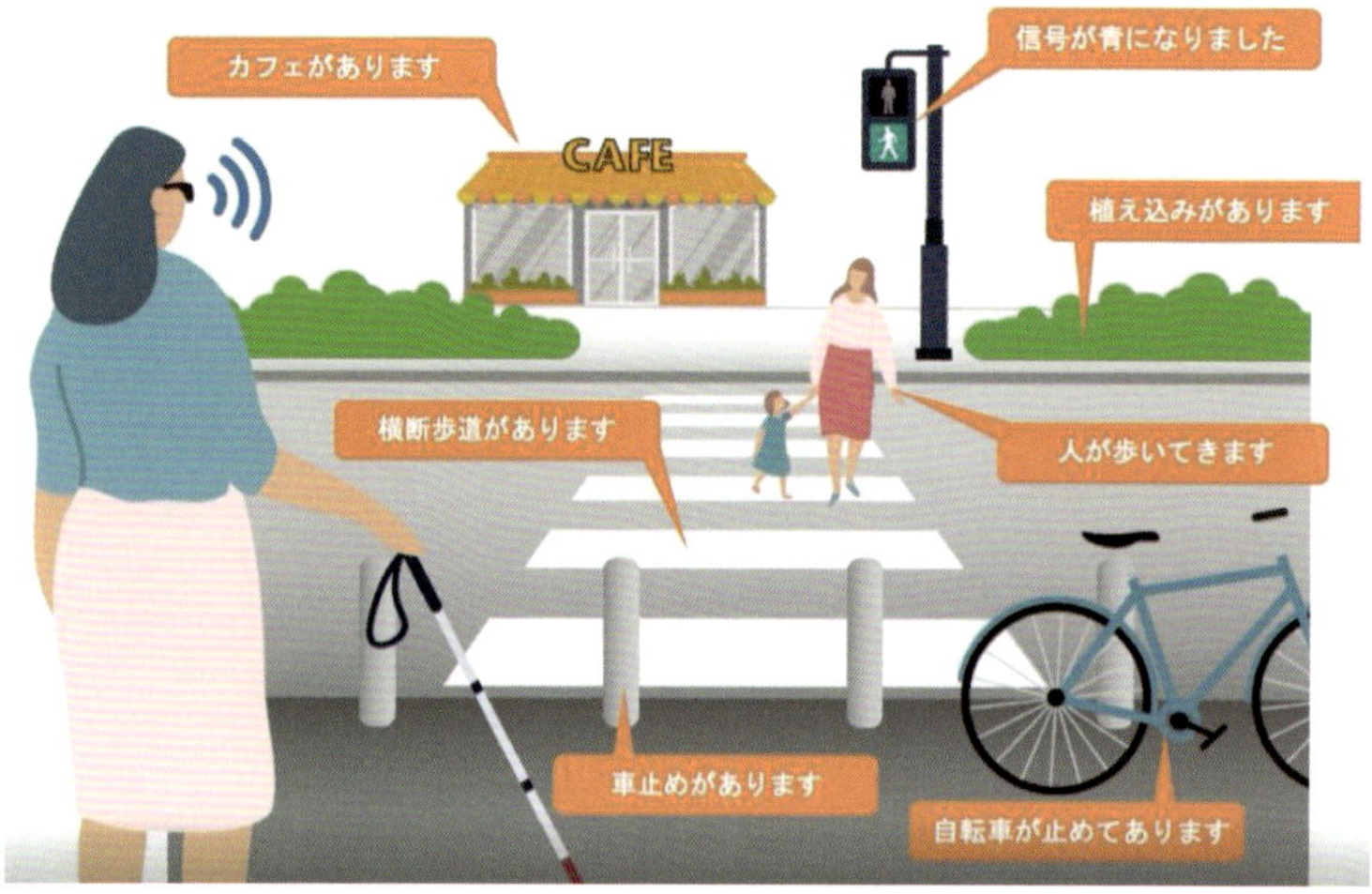

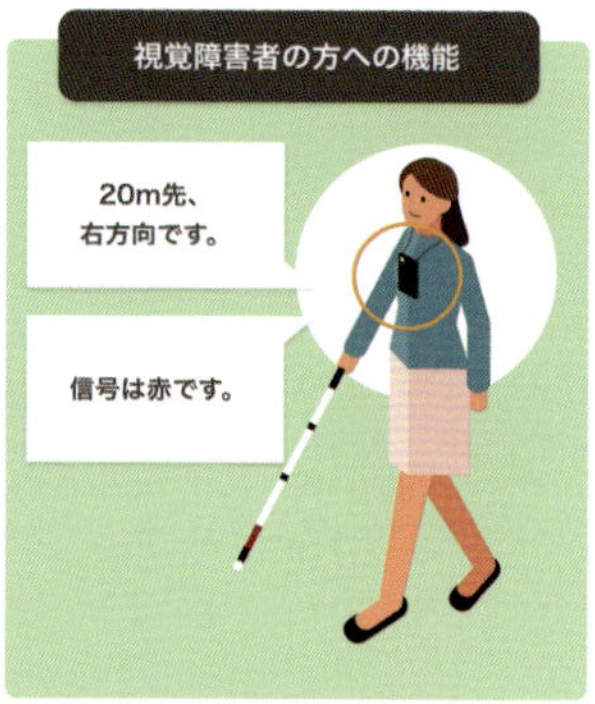

めぶくEYE

視覚障がい者向けの「スマホカメラとAI技術が捉えた景色を音声でナビゲートする」デジタル歩行サービスです。

デジタルが視覚障がい者の歩行をお節介します

めぶくEYEは外出支援の一つです。デジタルで結ぶ社会の一例です。視覚障がい者が装着したカメラで撮った前方の道路映像を離れた場所にいる歩行ガイドが見て音声で道路状況などを伝える仕組みです。道路の信号の色は白杖では判りません。そこで「景色が聴こえる」という仕組みを作りました。ここで重要なことは歩行ガイドを信じられるか?です。だからめぶくIDが両者の信頼を担保するのです。視覚障がい者に道路の情報ばかりではなく「並木の桜が満開です」なんてお伝えできれば歩行が楽しくなるでしょう。将来には道路の映像状況をAIが分析し音声によって視覚障がい者に伝える仕組みも可能でしょう。

データ活用で保険会社も契約者も政府もお得

遺伝子や健康検診のデータなどさまざまな個人の健康データが大量に蓄積される未来では新しい保険の仕組みを再構築するべきでしょう。「ゴールド免許は保険料率が安い」のですから同じことが医療保険で出来るはずです。自らの健康データを提供することで保険料率が下げられればデータ提供者は増えるでしょう。住民の健康度が判れば市町村や民間保険の保健師さんや健康指導が住民の健康維持へのアドバイスを行なえます。データ活用は誰にも不利益はありません。むしろ社会全体の得です。反対にガンであることを隠して保険に加入する悪意によって社会コストは増えるのです。データ活用で皆さんの健康をまもれるのです。

「各年代の医療費」

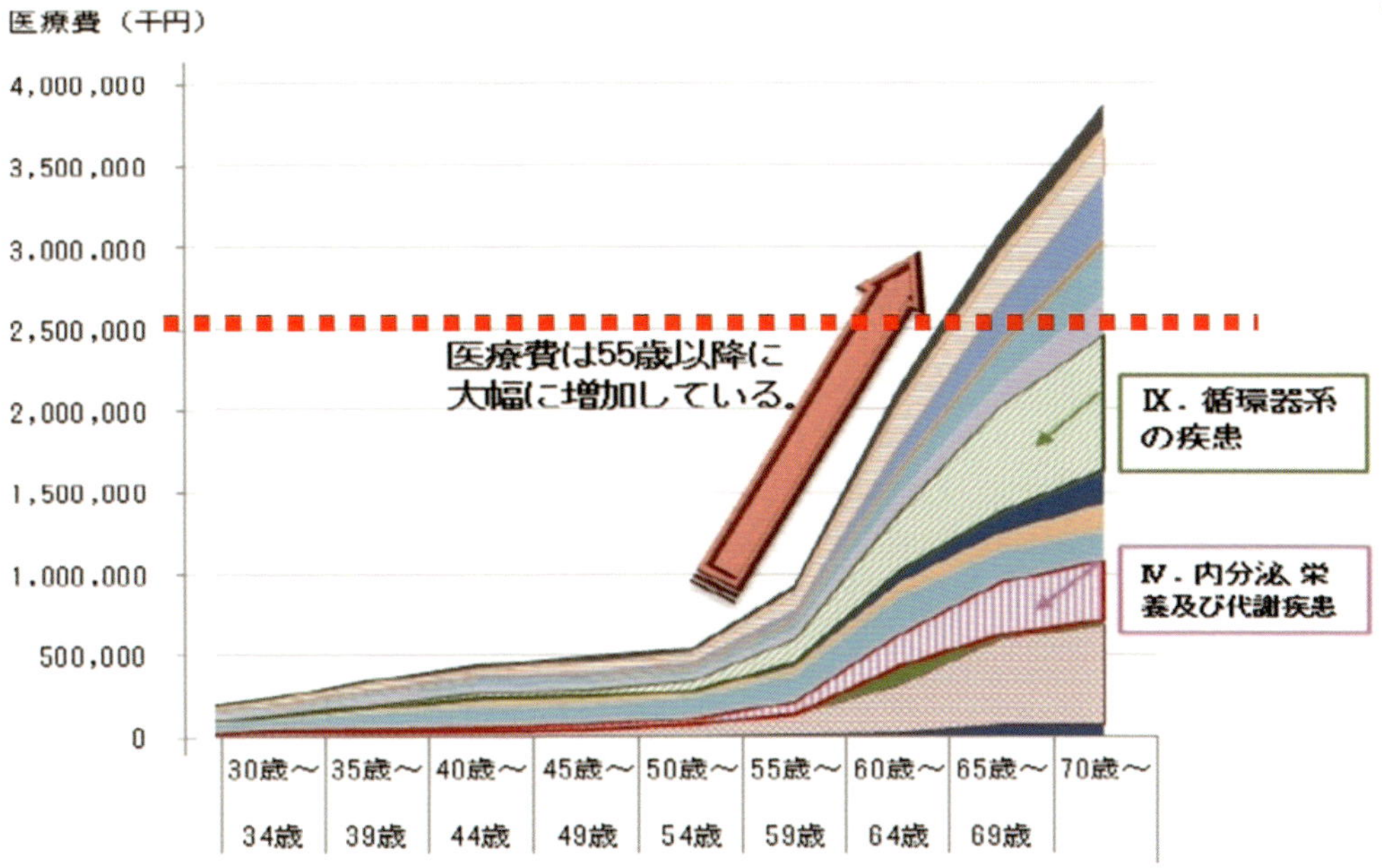

＜前橋市の国保の年代別支出額＞

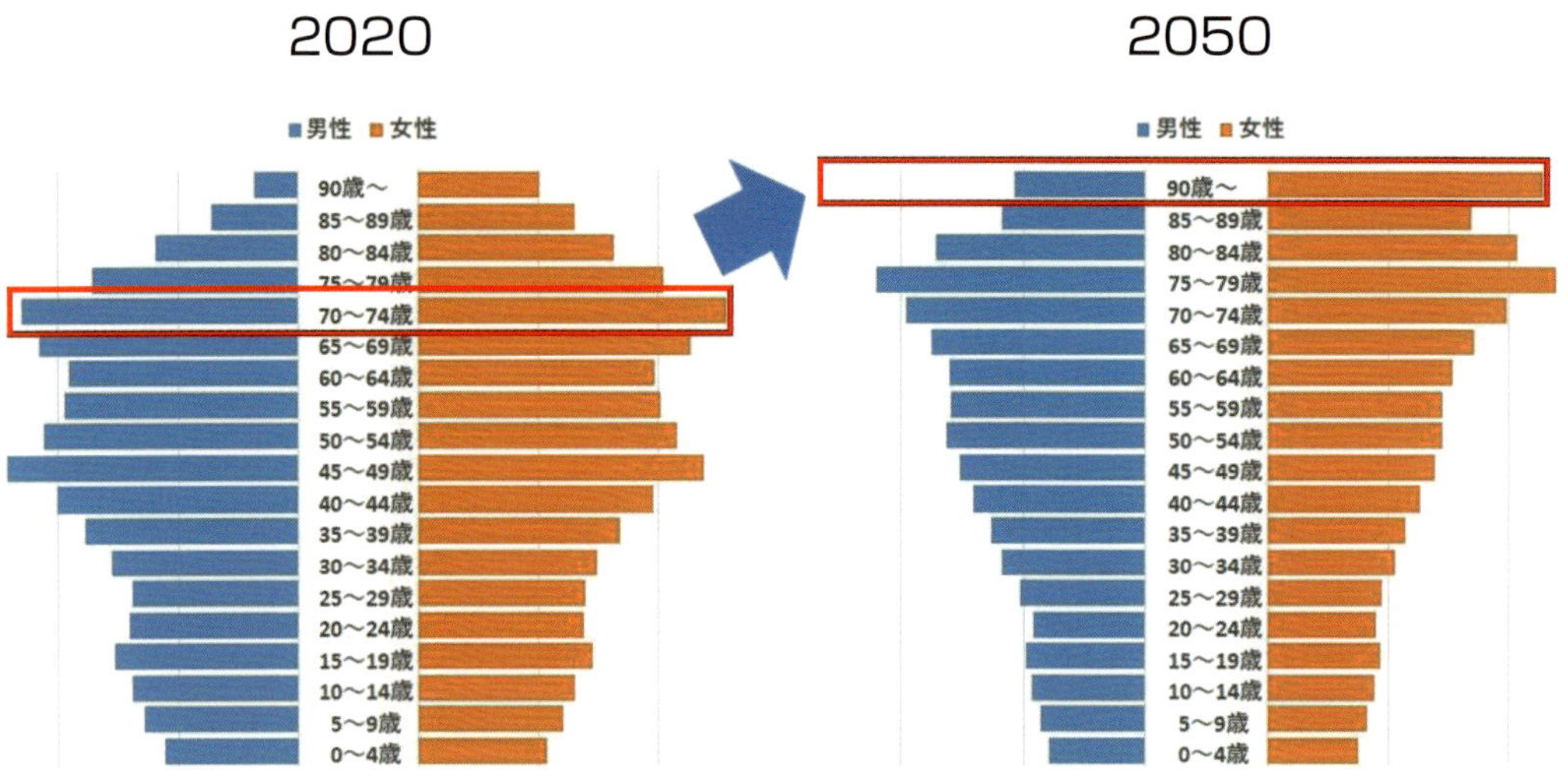

→2050を見れば高齢者を健康維持と若者の増加が大切なことが見えてきます。

＜前橋市の人口 2020 → 2050＞

30年後のシニア爆増人口を幸せに変える魔法は高齢者の健康維持と子育て支援です。

この人口ピラミッドの予想をみると未来が心配です。だからシニアが健康で生き甲斐の持てる社会へ変えましょう。それが出来なければ財政は社会保障で手一杯になります。今から準備しましょう。社会全体での健康データを蓄積し健康維持をフォローする仕組みと外出できる交通が出来れば元気な高齢者が社会の担い手になってくれます。特定健康検査やパーソナルヘルスレコードのデータが増えれば的確な個別最適化された健康指導で個人の健康維持を応援できるのです。一方、子育ての応援と若者が働ける職業の場づくりこそ、未来の幸せにする魔法です。

この図はデジタル活用により暮らしの未来を皆さんに感じてもらいたいと描かれました

これからは個人のニーズを把握し個別最適化のサービスや商品を創り上げ、そしてそれを必要とする人に届けるサービスの時代になります。大量生産・大量消費時代のようなサービスや商品に暮らしを合わせる時代から自分にあったサービスを受けられる時代になるのです。したがって皆さんが何を求めているかを皆に伝えるためにデータ提供（オプトイン）や必要な支援を明示することが大切です。政府、地方自治体、企業、ＮＰＯ、そして市民にも教えてください。そうすれば、より個人に最適化されたサービスを皆さんに提供できます。視覚障がい者が楽しく歩ける社会、誰もがネットワーク上で議論ができる社会を作ろうとの願いです。

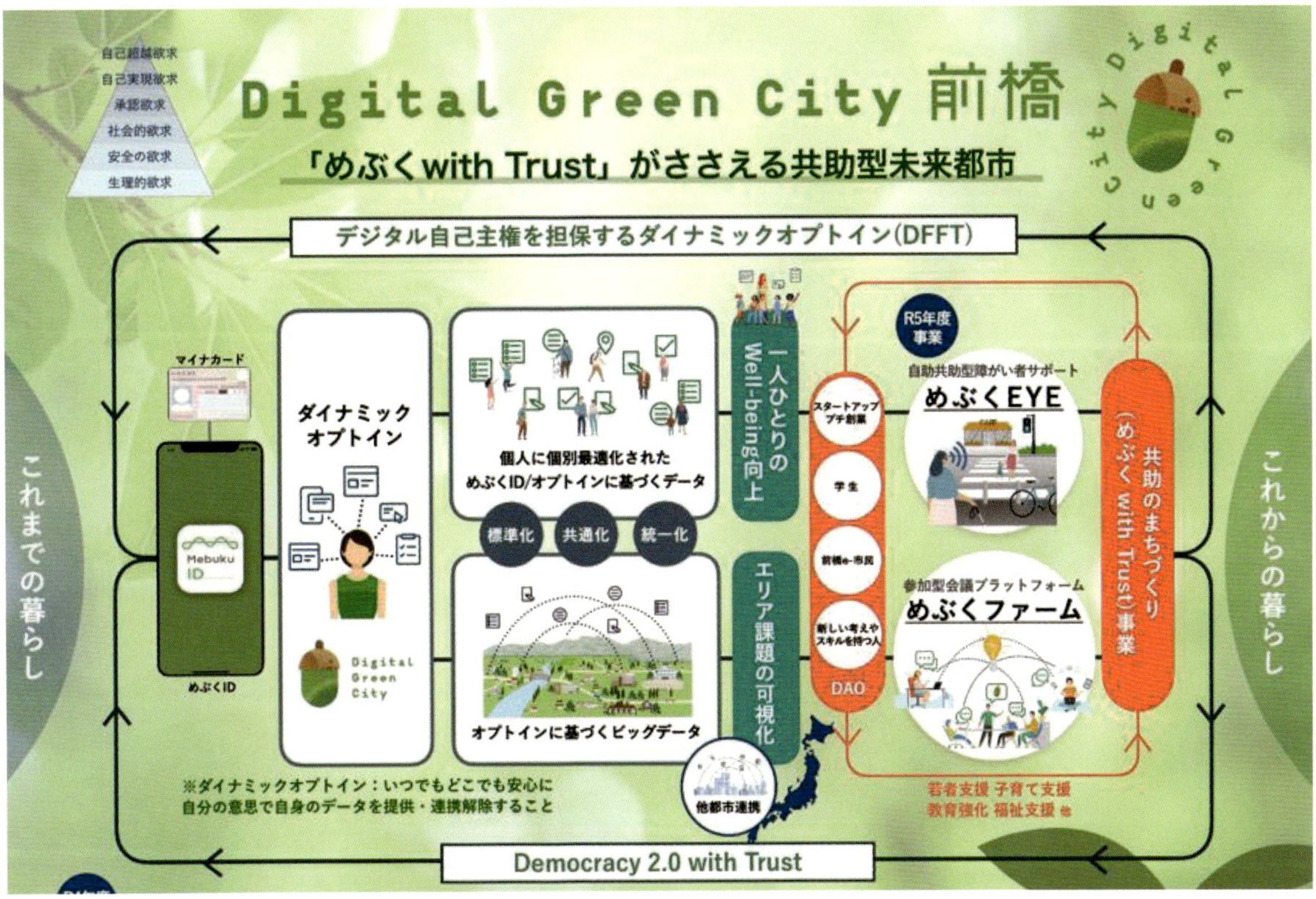

若者たちが学ぶ街に。デジタル人材の育成中
ソーシャルデザインとは幸せの研究です

前橋工科大学に新たに理事長として招へいされた福田尚久さんによって前橋工科大学のイノベーションが生まれました。彼は脳内信号の研究者である今村学長と連携しまちづくりのデザインを行うソーシャルデザイン研究センターとバイオサイエンス研究センターの設置に取り組んでいます。また共愛学園前橋国際大学はデータサイエンスの権威である慶応大学の国領二郎教授を新学部長にデジタル・グリーン学部を設置されます。群馬大学では医学部における重粒子ガン治療はじめ健康分野の研究、工学部では自動運転バスの研究が展開され、情報学部では文理横断教育が始まりました。デジタル人材を育てる街になったのです。

2023年4月1日から前橋工科大学に新たに二つの研究センターが誕生

ソーシャルデザイン研究センター × **バイオサイエンス研究センター**

共通理念	民間企業等との共同研究を通して、自然と人との共生及び持続可能な循環型社会の構築に貢献
共通目標	①地域の中小企業との共同研究の実績を活かし、企業が抱える様々な課題に本学が共に挑戦し、モノやコトに関するプロトタイプの生産拠点となることを 目指します。さらに、企業の国際的競争力を強化することを支援します。 ②公立大学の特徴である教員と学生の距離が近いことや学生が地域課題に取り組む機会が多いことを活かし、研究センターが取り組む様々な課題に、学部生、大学院生を積極的に関与させ、工学技術者、研究者としての実践力を涵養していきます。 ③将来的には、地域のオープンイノベーションの拠点となることを目指していきます。

※前橋工科大学資料より

共愛学園前橋国際大学に新学部「デジタル・グリーン学部」を新設

前橋国際大（大森昭生学長）は前橋市がめざす「デジタル&グリーンシティ」に連携し、新学部「デジタル・グリーン学部」を2026年4月に開講されると発表しました。そしてその新学部の教授として國領二郎慶應大学教授を招くことも合わせて明らかにされました。前橋市と前橋国際大は包括提携を結び地域づくりで連携しているとともに、國領氏は前橋市のデジタル分野のアーキテクトを務めていることから発表会見は前橋市と大学と合同で開かれました。

前橋国際大学新学部の記者会見
大森学長 / 国領教授 / 山本龍

「前橋程度の街はどこにでもある」と糸井重里さんは私に話した

前橋の良さを自慢して語る私に糸井さんが諭すように行った言葉です。糸井重里さんは前橋高校の私の先輩ですが今まで前橋に関わることは稀でした。最近、前橋が面白い?と感じて下さっているようです。埋没してしまっている前橋を浮上させるには面白い事をしなければならないと、めぶくアプリで本を貰える「マエバシBOOKFES」との企画を開催してくださいました。一昨年のブックフェス以来、前橋は目立つ街になったと思います。

成田悠輔さんの動画でも前橋ＩＤの話題が…

YouTubeで前橋市へのコメントを見つけました。【日本の失われた30年からの経済再興】との討論（出演者は成田悠輔イェール大学助教授、髙島宏平オイシックス・ラ・大地代表取締役社長、岩﨑真人 武田薬品工業代表取締役）社会保障費増に関して岩崎さんのコメントです。「前橋市では独自ＩＤを作り匿名でのデータ利用を許諾された人たちがデータを提供する。健康管理による社会全体の幸福を実践していくことが大切。結果が出てくれば他の自治体も複数動き出すでしょう」このまちが日本のモデルになれとの励ましです。

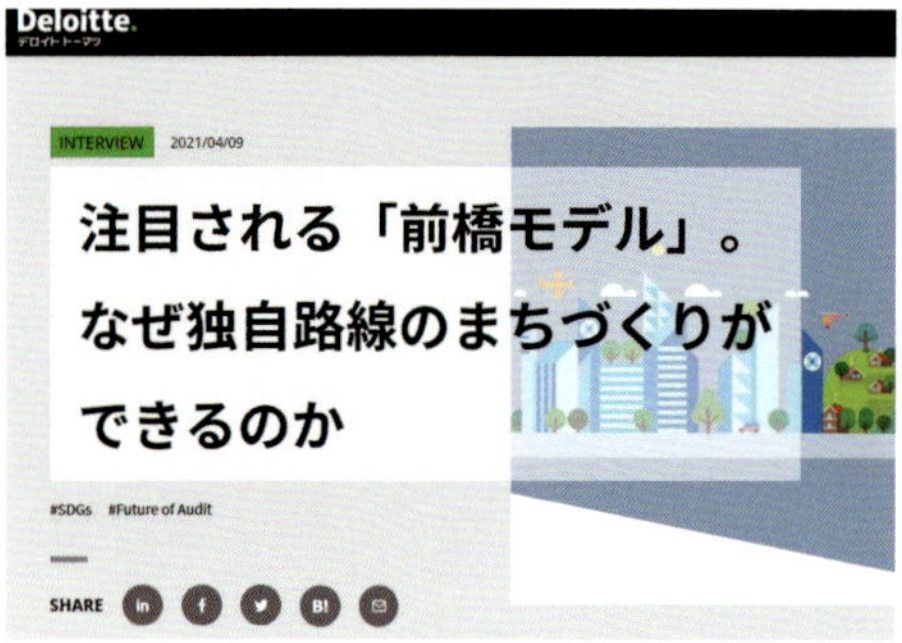

※デロイト社 Web より

武田薬品の岩崎さんの予測の通りです。
データ活用して社会保障の崩壊を防ぎます

例えば130兆円もの巨大な社会保障費をどうするか？その答えは健康維持、老化防止です。しかし予防の予算は治療費よりはるかに少ない状況です。理由は何が予防に効果的なのかの不明確だから国は積極的に対応できないのです。高額な新薬は効果が証明されているから普及していきます。しかし予防の効果がデータで分かる時代が来るはずです。病気になってからの薬も大切ですが病気にならないための予防事業は将来への不安とコストを減らし、幸せを増やせる投資です。DNA解析に判明した癌リスクを乳房切除によって予防したアンジェリーナさんの様にデータ活用が社会の形を変えられる現実になりました。

電力使用の情報があなたの暮らしを見守ります

でんきで暮らしと家族を見守るアプリです。東京電力の関係企業である株式会社エナジーゲートウェイが提供するサービスです。家庭にセンサーを一つ設置するだけで、家電ごとの利用状況を見ることができ、離れて住む家族も安心。防災・防犯情報通知や熱中症アラートなどもあり、高齢者の一人暮らしを支えるアプリサービスです。

アプリで給食のアレルギー事故防止。「my Allergy alert」は給食を楽しくする

個人が入力したアレルギー情報を連携することで、学校給食の献立変更や万が一の緊急対応に役立つサービスです。個人が入力したアレルギー情報を基に作成された給食の個人別献立表を保護者が確認・承認することができます。学校も保護者も子どもも安心です。

「OYACOplus」は育児のワクチン記録や写真を家族でシェアできる機能

お子さんの定期健診や予防接種の記録が自治体情報と自動連携される母子健康手帳アプリです。生涯に渡ってそのデータはスマートフォンを通じていつでも・どこでも確認することができます。予防接種スケジュール等の情報のリマインド通知もできます。胎児や乳幼児期のデータを起点に生涯データを保持すれば人生の健康管理（パーソナルヘルスレコード）にも利用できます。

※健康記録は親子そのものに帰属します。一般社団法人ICTまちづくり共通プラットフォーム推進機構（TOPIC）による運用です。

OYACO plus
健康手帳アプリ

アップデートアース2024が教えてくれた未来の形

起業家の登竜門：群馬イノベーションアワード（GIA）をステップアップした全国規模のイノベーションの祭典「アップデート・アース2024＠前橋」が前橋市で初めて開催されました。私も開催準備に関わってきた前市長として参加させていただきました。最新技術を紹介するブース展示やイノベーターの事業アイデアの発表を聞きながら未来の変革へチャレンジする人々のアイデアが数年で日本を変えるだろうと痛感しました。

画像処理ＡＩの電気の大量消費、仕事消滅、政府はどんな社会を目指すか？？

アップデートアースではロボットクリエイターのワークショップ、県庁通りではトムスのＥＶカートの走行、会場間の移動には桐生の ThinkTogether の電動バスが走っていましたどの発表も私の常識を飛び越えたものでした。特に生成ＡＩ映像を紹介する映画監督の三池崇史さんの講演がまた驚きでした。たった40分でＡＩがプロモーション動画を完成できる事実とコンピューターの画像処理に費やす膨大な電気使用料金に驚愕しました。三池さんの「映画は企画をしてから完成まで数年かかるがＡＩ動画ならばそのタイムラグが無くなる。そして映画関係者が製作の仕事を失いベーシックインカムで暮らす社会が来る」という予想こそこれからの社会の形を問うものです。社会全体がデジタルの力で効率化によって生産性をあげ日本の国の富を増し、その富が幸せを増やす社会を目指すべきです。給料の額よりも幸せの量を如何に増やすかの挑戦です。

システムに任せられる手間。行政サービスを受け取りに行く手間。それらも全部ひっくるめて省いてその代わり新しい得た時間を新しい社会作りに使っていくべきです。週４日勤務も現実になるでしょう。生産性を上げる知恵と生み出した富を如何に配分するか？社会の新しい形を準備しましょう。

前橋市役所は昨年週休３日に２０２３の１か月間チャレンジしてみました。これはでも実はまがい物の週休３日なのです。週40時間の労働時間のままフレックスタイムで一日空かせただけです。でも本当の意味での週休３日はできるはずです。その一日を副業可能にするのかあるいは社会貢献をする日に変えるのか。週休３日なればどんな社会制度を作るのか？ベーシックインカムは？・・・新しい社会にあった制度を政府には準備してほしいと願っています。

※三池監督は iPhone カメラだけで手塚治虫原作の映画〝ミッドナイト〟を製作中。これも変化を感じさせます。

column

國領二郎さん「サイバー文明論」で感じた変革の６つの心得

著者からの「文明から組み立てなければ新しいテクノロジーは真価を発揮しない」というメッセージを私は強く感じました。そして著者はめぶくIDのデータガバナンス委員長としてこの哲学を持ってデータ活用を進められるのでしょう。これからのデジタル社会がとっても優しいものになると本から感じました。以下は山本龍の文責です。

1．社会制度から哲学までデジタル時代に適したものに見直す
20世紀に大成功した近代工業モデルのままでは矛盾が生じる

2．明治維新に単に蒸気船や電信を受け入れるだけでなく政治体制から法律・芸術・言語まで作り直したように今回も社会の仕組みの全面的な再構築が必要なのだ

3．大量生産の商品を大衆に提供する近代工業文明のシステムに替わり、伝統的な地域社会の自分の作ったものがどこで売られ誰が買ったかが見える経済メカニズムに戻る。
＊著者は「持ち寄り経済圏」と命名されています

4．データを社会の公共財として考え、提供者が納得する管理の下で有効に活用し利益を誰も独占せずに国民全員の豊かにつなげる

5．病気や障害があっても社会的な存在として社会に参加できる自己肯定感が大切

6．情報が統合した時に価値が生まれる

國領二郎さんは私と同じ1959年生まれ、米国で生まれ東京大経済学部卒業後、ハーバード・ビジネス・スクールで修士、博士を取得。2000年に慶応大教授に就任、ぐんまイノベーションアワード（GIA）審査委員長、前橋市のデジタル田園都市国家構想アーキテクト、めぶくグラウンド取締役兼データガバナンス委員長

column

「ご近所」の井戸端会議が大きくなれば「自治」になります

デジタルは３３万市民を「ご近所」に出来る。「ご近所」の皆でワイワイ議論し地域の事を決める。こんな仕組みの先に世界も「ご近所」になって戦争がなくなるとの妄想が湧きます。オンラインで市民意見が集まって予算案への民意が反映され、市民意思の表明が日常的に可能になれば住民の政治参加の実現です。首長不要の時代が来る。政策議論に参加することこそ民主主義。

選挙が変われば民主主義が変わる。そして社会が変わる。

民主主義の基本である選挙の仕組みだって変えられる。オンラインで投票できればいいな！と誰も思うだろう。オンライン投票になれば政治へ参加しやすい。投票の仕組みも変えられる。政策ごとに複数票方式や子どもの数を親権者に投票権を付与する…さまざまな形が可能だ。スーパーシティの指定を受けたつくば市は事業者募集の採択にオンライン住民投票を実施した。めぶく ID を活用すれば選挙オンライン投票も可能です。

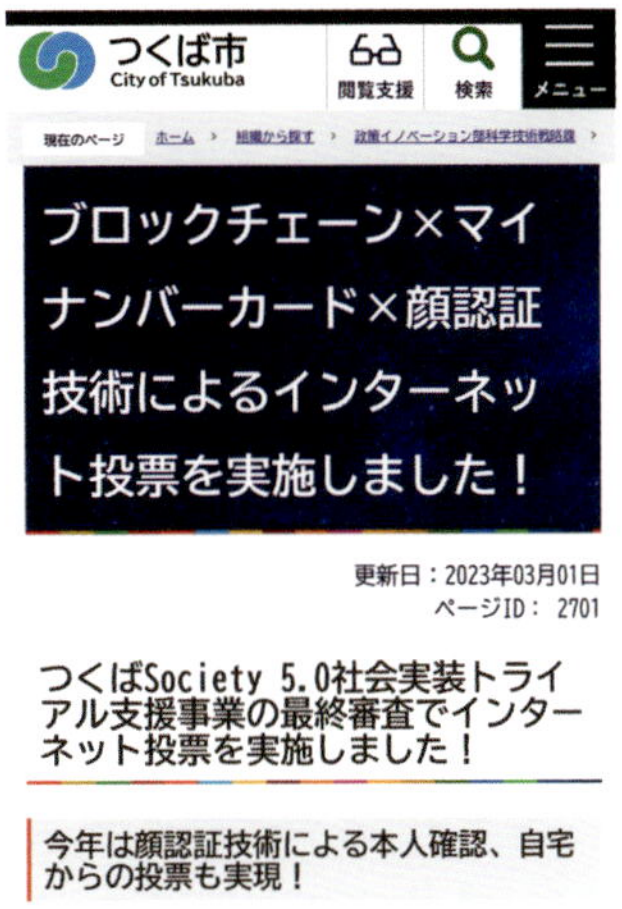

オンライン投票のエストニアでも離婚届は役所に持参するらしい。

エストニア政府が「離婚届けは熟慮して役所に届けて下さい」との意味ならオカシイ。選挙の投票は熟慮がいらないのか？確かにソファーに寝ながら投票されるのは候補者としては有り難くない。しかし単純に投票率はあがるだろう。でも残念ながらオンライン投票の前にぜひ主権者教育だと考えています。投票の判断情報を如何に入手するか。そしてよーく考えて投票ボタンを押してほしい。投票にもサイバー時代の哲学が必要だ。

＃10
デジタルが生んだ時間でスローシティを楽しむ。赤城山がお待ちしています

たくさんのデジタルの話をしてきました。でも皆さんデジタルは人が幸せになるための道具です。やっぱり生き甲斐はデジタル空間ではなくリアルの中にあるのではないでしょうか。チョット不便を楽しむ心が大切なんだ。

スローシティの赤城山を楽しむ

デジタルを活用した効率化が産み出した余剰時間で「スローシティ」を楽しむ。いろんな違いの存在を許容しあうゆとりも生まれます。個々人の違いを乗り越えてデジタルで結ばれ赤城に支え合って暮らせるのです。デジタルとスローの組み合わせは人に居場所と生き甲斐を提供するでしょう。デジタルを活用して都市のインフラやサービスを効率化し、生活の利便性を高める一方で、スローシティでは地域の文化や環境に配慮し、生活の個性を尊重しあえます。「デジタル」と「時間を楽しむ」という二つの思いがどんぐりのバッジに表されています。デジタル&グリーンシティは前橋市の目標です。デジタルとスローは相性が良いのです。この理念こそ政府のデジタル田園都市国家構想の意味でしょう。赤城で薪を割ってサウナを楽しんでください。

テントサウナを楽しむ移住者

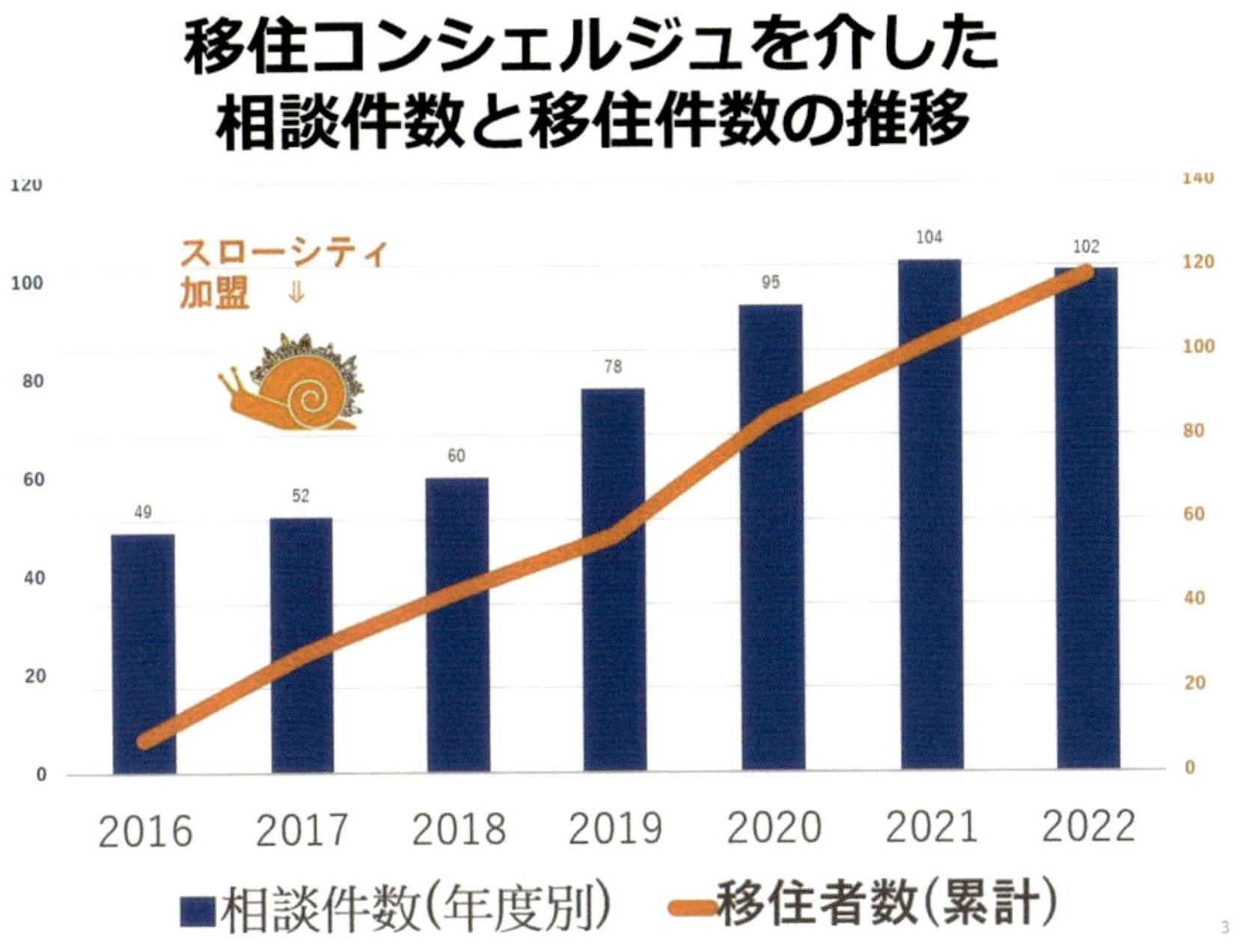

ファスト東京から、スローな赤城に移住コンシェルジュがご案内

デジタルを活用した機能的な暮らしと真逆の魅力がスローシティです。ユックリした時間軸が高齢者や障害者、さらには東京でくたびれた人たちを赤城に呼び寄せます。私が最初にこのスローシティに出会ったのは鈴木正知さんとの出会いです。彼は元上野動物園の飼育員さん。彼自身も前橋に移住された方です。彼との出会いの中でこういう暮らしを求める都会の人たちの移住のフィールドになればいいなと考えました。さらに世界にはスローシティという概念を実践している世界の２５０都市が加盟するスローシティインターナショナルがあることを知りました。そして赤城山のスローシティ活動が始まったのです。そこから移住の希望者が増えてきました。そして鈴木さんを移住者の相談コンシェルジュに就任して頂きました。

前橋の移住コンシェルジュ鈴木正知さん

イタリアの子どもたちからママのパスタを奪うな

スローシティのはじまりはマクドナルドの開店に反対するイタリアのお母さんの反対運動から始まったスローフード運動でした。活動の理念をまちづくりへと広げ、地域本来の食文化や伝統をしっかりと残していくことを目指して、1999年にスローシティ運動が始まりました。スローシティ国際連盟の本部は、イタリアのオルビエート市にあります。現在では33か国・291都市が加盟する世界的なネットワークを築いています。

「適正規模の都市開発」「循環型経済の形成」「地域個性の尊重」「社会的公正」などを含んだ73項目の国際認証制度を備えます。

日本は2都市（気仙沼市と前橋市）が加盟しています。

前橋市がスローシティ国際連盟に加盟した四つの目標は

■デジタルの合理化で時間を生み出そう

■地域の文化・食・自然を大切にしよう

■移住者も案内人も世界のスローシティと繋がろう

■災害にもパンデミックにも安心なまちになろう

そのスローシティ赤城に面白い人々が集まってきました。コロナ感染症によってオンラインによるリモートワークの普及が移住増加の追い風になっています。前橋市にとってのスローシティとは前橋に存在する食や文化を支えてくれる仲間をむかえることです。まだまだ始まって5年、様々なスローシティ活動が行われ、たくさんの移住された人たちを迎えています。

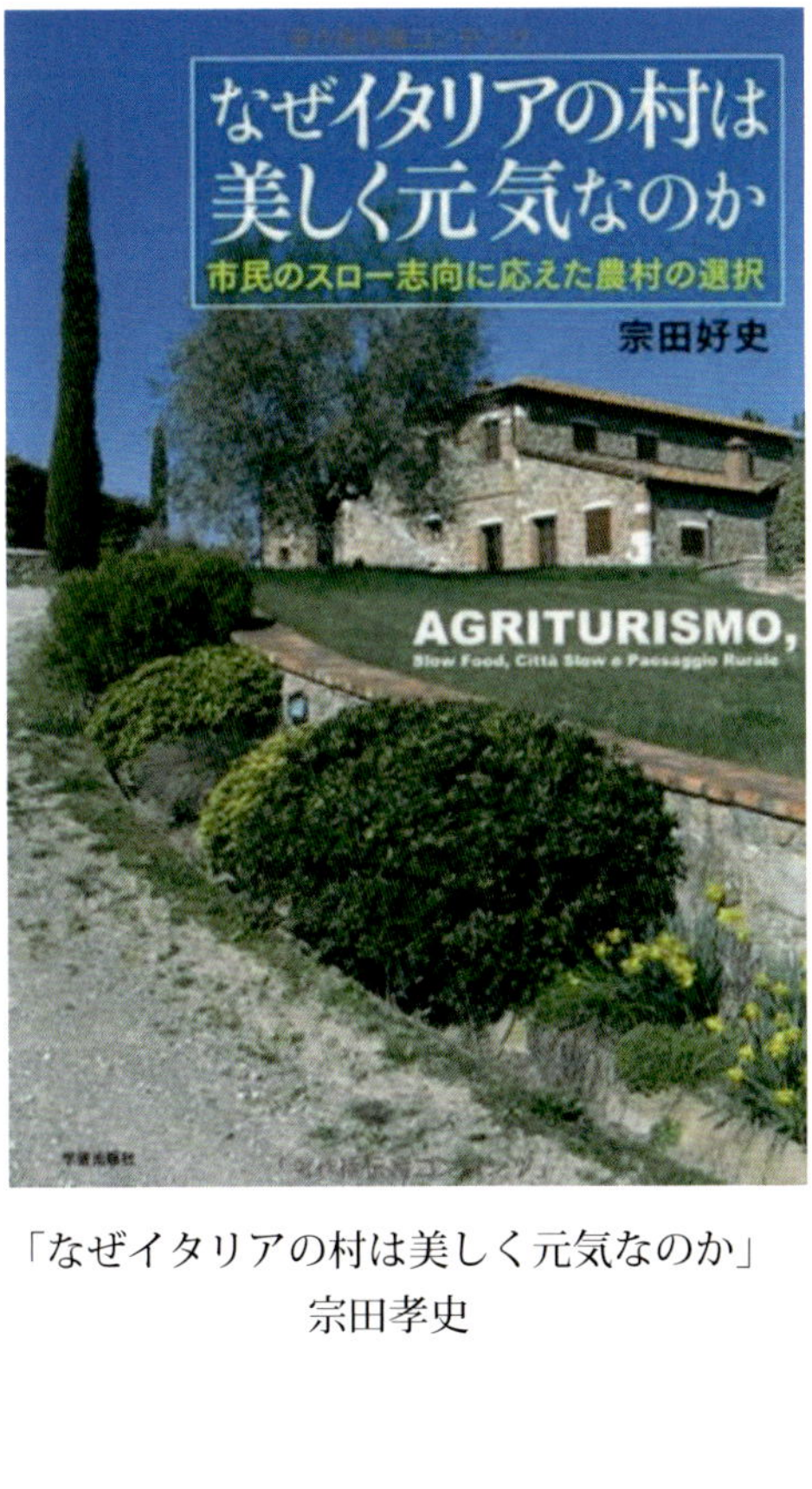

「なぜイタリアの村は美しく元気なのか」
宗田孝史

「るうふの宿」は赤城の生活文化を守る力に

デジタルによって収入を得ながら、リアルな暮らしは赤城山の麓でという移住が増えています。まさに前橋市のデジタル&グリーンシティです。それは政府が目指すデジタル田園都市国家構想とも重なるものです。移住コンシェルジュさんから「暮らしを感じる体験型の宿泊施設が必要」との話をいただいていました。その時に出会ったのが古民家再生の宿泊施設「るうふの宿」を経営する丸谷篤史さんです。「るうふの宿」は古民家を地域の風土や建物の特色を活かしながら改修した一棟貸しの宿です。所有者にとって活用方法もないまま放置されたままの古民家がもったいないと感じていた私はさっそく彼を赤城山に案内し空き施設の所有者とのマッチングを行いました。それが赤城山に4カ所の「るうふの宿」が開業するキッカケになりました。四つの宿を中心に新しい働く場所を得る地域の方々、こだわりの食を提供する農家、そしてここで地域文化を感じた旅人が移住されるキッカケになっていく可能性を感じています。地域の文化や歴史が刻まれた一つひとつの宿それぞれに違いをあるのです。「るうふの宿」は全国の山あいや海辺の集落にとって生活文化を守り発信する力になるでしょう。そしてデジタルト&スローの大切さを伝えることが出来るはずです。

column

るうふの宿＋スローシティ＋移住

山梨県や千葉県、そして対馬に古民家リノベーションで地域発信の宿を生んできた丸谷篤史さんが赤城の南麓に古い施設を改修した宿を開いた。この施設が既存の旅館やホテルや農家やアクティビティと連携した新しい赤城観光の魅力が生まれると期待をしている。彼と訪ねた旧宅の大きな空き農家を奥様にご案内頂き拝見しました。海軍軍人のご先祖の写真が掲げられている歴史の積もった大きな農家。可能性を感じていますが､あまりにも思い出がたくさん詰まっていた。所有者にとって大切な聖域なのだ。

その歴史の重みを感じながら丸谷さん地域再生の思いを伺いました。
丸谷さんは 38 歳。学生時代は近代社会学を学び、学校の社会の先生になりたかったそうです。卒業後、食品関係の企業にお勤めになり、そして全国に地域の価値を発信する宿を展開されている。彼に「なぜ？古民家再生なのか？」を尋ねてみました。

丸谷さん：「地方都市の再生はイオンモール頼りになっています。これではどこも同じ町並みになる。だからこそ価値のある歴史を取り戻すとの思いです。地域の歴史は土地の記憶です。地域再生には土地の持っている記憶が必要です。文化を表現する場所として、私たちは古民家再生の体験の宿作りを始めました。家の形はまさに地域の文化です。気候、風土、あるいは作物いろいろな違いを家の形が表現しているのではないでしょうか。赤城山にはびっくりする大きな重厚な古い農家がたくさんあります。それを残していくには一定のビジネスモデルを作らなければならないと考えています。それらから共感を感じて頂いた宿泊者の方々が赤城との交流の結果、移住者としてここに暮らす仲間を増やしたい。全国の過疎地に何を残せるのか？これが全国に広がっていくことを期待しているのです。」

・・・・

「私は地方学（ぢかたがく）を地域再生の土台に考えています。札幌農学校の２期生である新渡戸稲造が実学の重視とは現場（地域）重視に他ならないと説き、地方学を提唱し、地方の活力を高める必要性を説いてきました。この学びを赤城から拡げたいのです」

交通システムを山間地こそ充実させるべきです。馬車もいいね！

東京から移住される方も自動車の運転免許証を持っていない場合もあるでしょう。車の運転できない移住希望者には赤城は移住対象外になってしまいます。移動の足はここに暮らそうとする人にとっては重要な問題です。だから住民の日常の移動の足や新しく生まれた赤城宿のような赤城観光のお客様の最寄り駅から送迎やアウトドアのガイドと言う移動への対応が重要です。

よく草津温泉や伊香保温泉、各旅館のバスが最寄り駅からの送迎で並んでいる様子を見ます。あらゆる移動ニーズと輸送資源を共有化していくような個別最適化とシェアリングの理念は暮らす人にとっても観光にとっても大切だと思います。

移住コンシェルジュの鈴木さんがバス事業者さんに作ってもらったチラシです。

働き方改革関連法によってドライバーの労働時間に上限が設定される2024年問題を抱える輸送会社にとってバスやトラックドライバーの移住者は有り難い存在です。「田園風景を眺めながら、ゆったりと運行する地方都市のバス運転になりませんか？」とのメッセージがチラシから伝わります。都内でのドライバーに比べれば、ストレスがないでしょう。東京と前橋を比較しても物価を考えるとコスパも良好です。群馬でバスやタクシードライバーになりませんか？

column

山本龍が８年前に発表した赤城山シリコンマウンテン構想

赤城山では東京電力の地熱発電の電力と災害の少なさを理由にデータ産業が生まれつつある。「赤城シリコンマウンテン構想」とはカリフォルニアのシリコンバレーからとったネーミングです。データセンターの立地だけではありません。生ハムの温度管理やキュウリの栽培管理のシステムだって新しい価値です。新しい価値を生みだす企業を育てる赤城シリコンマウンテン構想はまだ一歩を踏み出したばかりです。その可能性の一つが地熱発電です。災害時でも安定しているエネルギーが近接する事です。送電リスクのないエネルギーの地産が大切な条件です。

赤城シリコンバレーの推進に一番必要なのはリモートワーク等の前橋市らしい多様な働き方をつくることでしょう。その為のスローシティを含め様々な政策を展開してきました。いつか起業した青年が前橋に戻ってきて、広瀬川の川面や赤城の木立の中で、ラップトップパソコンをひろげ、自身の夢に向かう姿が見られることでしょう。

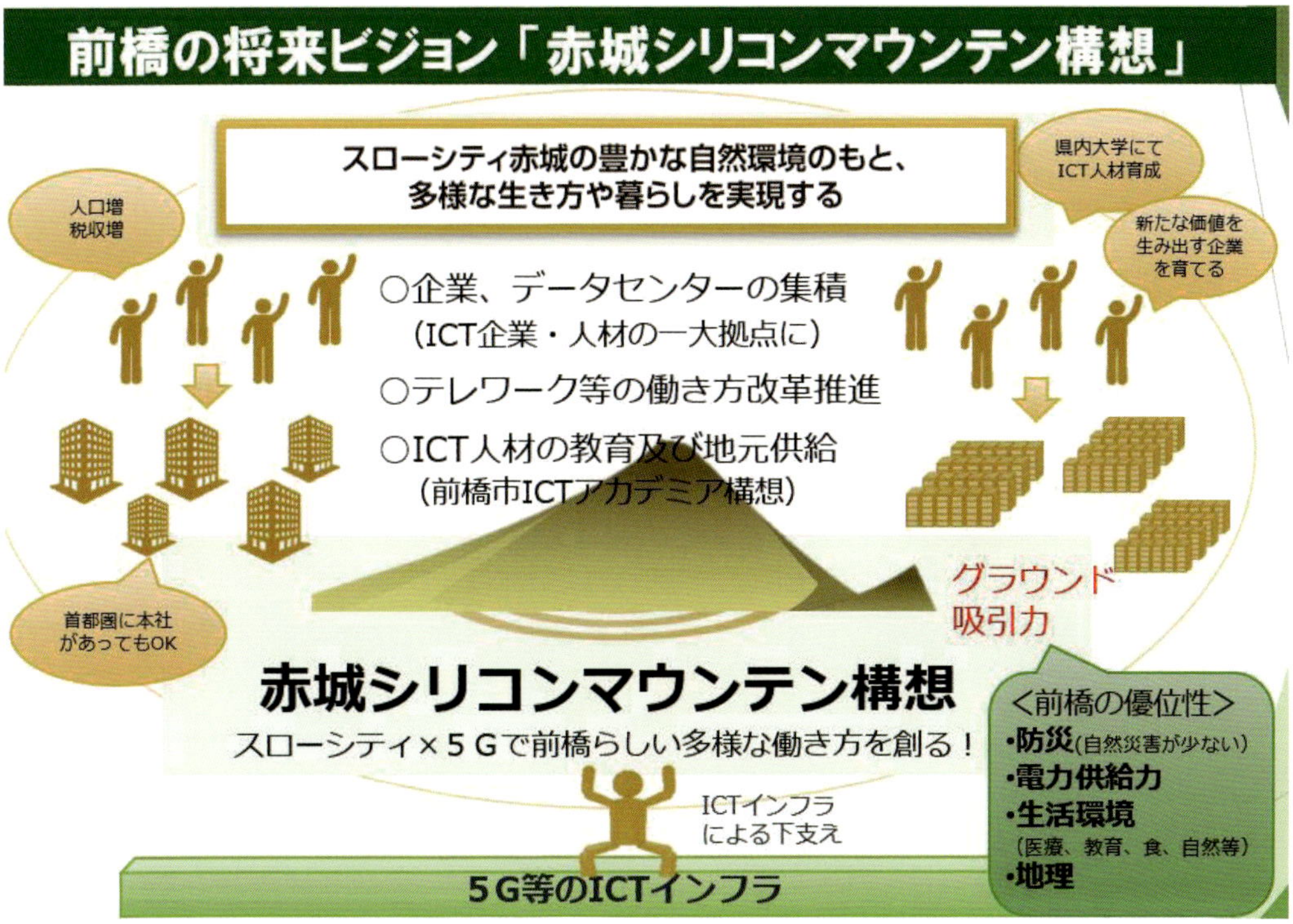

column

デジタル & グリーンのビジョンは前橋に富を生む。
次は上武飛行場だ
V ポート⇒ブッシュエア⇒小規模空港⇒災害支援拠点⇒

様々な企業の前橋への本社移転、世界的コンサルティング企業が拠点を開設などの動きが加速してきている。そして群馬県知事は元総社〜イオンの間の広大な旧陸軍飛行場にシリコンバレーのような産業集積を目指すと発言しました。まさに群馬県・前橋市の未来への扉が開いた。大きな税収により前橋が日本でその先導役に関われたことを誇りに感じます。

時代は大きく航空物流へ動こうとしている。
信越化学が伊勢崎の利根川沿いに巨大工場を建設される。一層、地域の求心力を高めるべきだ。上武地域に先端産業の集積地を生みだせる。しかし足りない要素がる。それは他の地区の例で明確です。台湾の半導体製造会社 TSMC は熊本空港・トヨタが出資するラピダスは千歳空港・サムスン半導体工場は仁川国際空港・・・国際輸送をスムーズに行いグローバルな供給網の維持が担保するために貨物物流拠点が必須です。半導体不足の時に風呂釜さえ治せなかった大騒ぎは改めて産業の中国依存の問題を痛感したではないか。そして新冷戦の中でアメリカが中国に製造拠点を置くことの危険性に気付き、今まさに日本がその受け皿としての可能性を拡大させている。これから群馬、前橋に高度産業を誘致し富を集めその富によって市民住民に還元をして行く経済循環が始まる。半導体が生み出すデジタルが日本の国富を生む。

埼玉北部と群馬県央部の 10 市町からなる上武地域の人口は計約 128 万人。自動車、精密機器、半導体、そして農林産物＋養魚… 国際貨物の立地は産業支援に繋がる。現状でも上武地域とその周辺からの製造品出荷額は年間で 10 兆円近い。上武飛行場から東アジアへの当日配達も可能になってくる。

航空物流は富を生む。
だから前進
ここまでたどり着いた

2024年（令和6年）1月1日（月曜日）

埼玉新聞

2024年（令和6年） 1月1日 月曜日

きょうは何の日

元日、初詣

埼玉、群馬県境に空港

上武地域 10市町が「連携構想」

埼玉県北部と群馬県南部の両県境の「上武」といわれる地域の10市町が、広域連携による経済圏としての発展などを目指し、交通網整備を構想していることが分かった。具体化に向けた10市町参加による「上武連携構想」がすでに発足しており、意見交換会や専門家を招いての勉強会を開催し、共同歩調を取ることで合意している。参加している本庄市は「上武地域は非常にポテンシャルの高いエリア。この地域が直接世界に開かれ、海外と結ばれるようにしたい」と話す。今後も協議を重ねながら実現に向けた可能性を探っていく。
＝2面に解説（砂生敏二）

関東三十六不動霊場第三十一番札所
岩槻大師

本日3部68ページ

27 渋沢が愛した獅子舞

深谷市には渋沢栄一が願い、生涯にわたり愛した郷土芸能「血洗島獅子舞」が伝承されている。大河ドラマで注目が集まり、後継者たちも育ってきている。

元日、2日TVラジオは13〜17面

みんなと蒔いてきた未来への種　共助社会へアップデートする

column

日の丸半導体復活　前橋市は世界のデジタルハブになる。

３０年前は世界市場シェアトップだった日本の半導体の復活のチャンスが来た。アメリカが安全保障戦略によって中国の通信機器輸出規制を強化し、日本政府は半導体産業により国の富を増やすために技術開発、製造拠点確保、人材育成などの政策を打ち出した。日本再生の機会であり、デジタル経済の富を前橋市が獲得するには航空物流が必要だ。

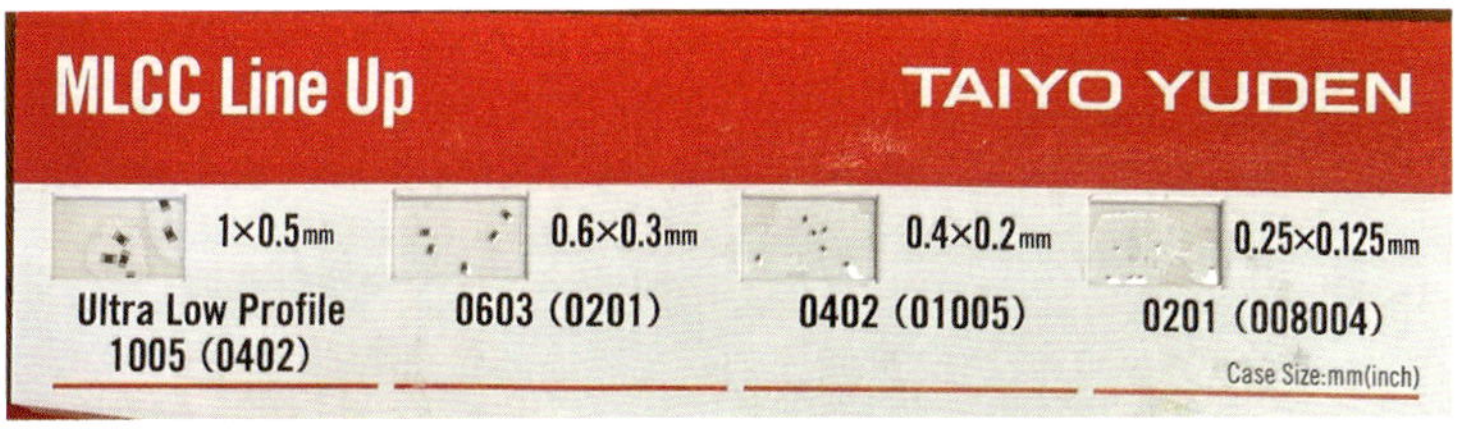

この小さな部品が世界を動かすのです。この部品は太陽誘電の積層型コンデンサーです。

飛行場は民間資本を担い手に。保税通関と食物防疫の物流が経済を動かす。

今、企業は以下の条件を求めています。

1. 高付加価値製品の迅速な輸送が可能であり、農産品や鮮魚などに適している
2. グローバルサプライチェーンの最適化、これらの異なる工程間の輸送効率化
3. 製造、研究、物流施設の立地が容易で高速道路や新幹線との連携も可能
4. 主要な生産拠点や研究開発拠点が安価な土地確保でき、人材確保も容易
5. 輸出入活動の税関手続きなどを迅速化でグローバル市場へのアクセス向上
6. 災害が少なく、再生エネルギの供給など企業のバックアップ拠点化に最適

以下は奈良県が政府に提出した災害支援飛行場の計画案。これによると３期計画１５年で２千m飛行場を整備する方針。※計画した知事の落選により廃案？政権交代のリスクのない民間主導で進めるべきと実感する。

column

「めぶく。」ビジョンと「前橋市アーバンデザイン」の約束

馬場川の通りがキレイになった。広瀬川の川面も弁天通りの比刀根橋から上電中央駅まで整備が進んでいる。4月に馬場川通りの「まちびらき」があり私にもご案内をいただいた。前の市長も呼ぼうとの優しさが嬉しかった。そして通りを歩きながら私たちが目指してきた「集い合う空間がエリア価値を生む」の意味を実感しました。この整備に尽力下さった皆さんの苦労を労います。何しろ公共空間なのに市の税金ではなく地域の方々の知恵と自らの財源で実現したのです。こんな日本で唯一の事業を実現してくれた人たちに感謝します。まるで魔法のように妄想を現実にしたのです。実施主体となったアーバンデザインの実現のための前橋デザインコミッションの皆さんの企画力。

また財源を寄付いただいた太陽の会、馬場川の近隣商店主の皆さん…たくさんの方々にお礼を申し上げます。「めぶく。」ビジョンと「前橋市アーバンデザイン」は未来への市民と市役所の約束です。そして未来のへの贈り物です。

※前橋市の馬場川通りアーバンデザインプロジェクトは日本のまちづくり分野で初めてソーシャル・インパクト・ボンド（SIB）を活用して民間主体の地域コミュニティの再生とエリア価値の向上を実現

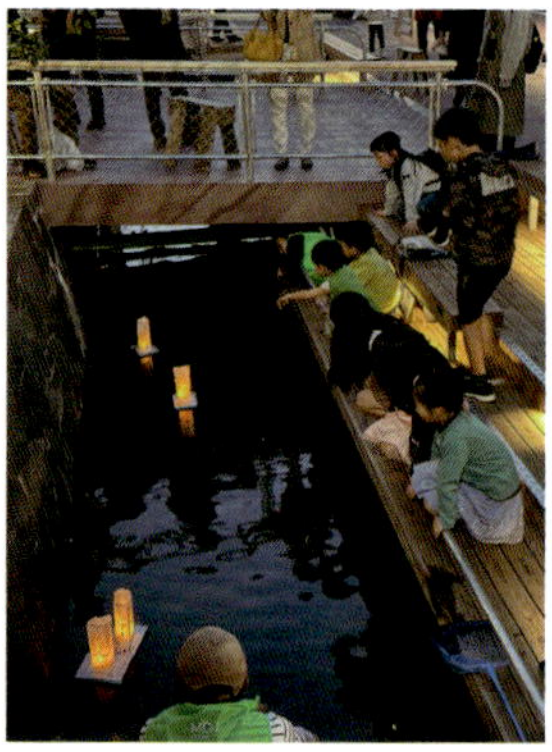

12年で出来なかった5差路に国・県と連携して挑戦がはじまる。

行政も一歩進んできました。県庁～5差路～前橋駅～上毛電鉄中央前橋駅の間の新しいコミュニティロードも街を大きく変えるでしょう。群馬県知事を中心に国、県、市と関係者の皆さんの新しい価値を作ろうとの思いがスタートします。

・5差路の歩道橋を撤去？
・旧前橋駅舎の復元？
・LRT構想代替の自動運転シャトル？…

#　結びに

私は市長としてではなくご近所（井戸端会議）の一人として活動しながら、お互いの助け合いの有り難さを感じました。この「共助」はお互いの信頼です。この本ではデジタルによる信頼に結ばれた共助の社会を語りました。読んで下さった皆さんが「前橋市はこんな未来に向かっていたんだなー」と感じて頂ければ有り難いです。

そして、私たちが蒔いてきた未来の種がめぶくように活動していくことが私の役割です。

山本龍

12 年の歩み、そして感謝

歴史はらせん階段のようにくるくると回りながらも登っていく。上から見れば同じ円を廻っているように見えるが「新しい価値」は加わっている。「良きものを残し、そして変えるべきものを変える」１２年の前橋市の価値の創造への進化は市民のご尽力の賜物です。経済や産業分野、医療・福祉、芸術・文化・教育・スポーツの分野、そして共助社会への足跡を振り返り大勢の皆様へ感謝を申し上げます。

とりわけ日本商工会議所の会頭を務められた三村明夫さん、総務省の歴代の事務次官である桜井俊さん、岡崎浩巳さんには国の中枢からご指導を頂きました。

糸井重里さんとの出会いが強烈だった。初めてお会いした日に「前橋程度のまちはどこにもあるんだ」「どこにでもあるものはどこにもないのと一緒だ」との意見を頂きました。そして糸井さんは自らブックフェスというイベントで新しい前橋の景色を作り上げてくださいました。※ 2024 秋はその第２回まえばしブックフェスが行われる。

萩原朔美さんが萩原朔太郎記念文学館、南條史生さんがアーツ前橋の名誉館長として就任され、何処にもない創造性を全国へ発信されていることも新しい価値の創造です。

駅前のビルの再生に挑戦し前橋の歴史を展示するヒストリア前橋を開設してくれた腰高博さん、併せて歴史研究者の手島仁さんを先頭に歴史まちづくり構想が国土交通省、農林省、文部省の認定を得て前橋空襲と平和資料提示、前橋城、蚕糸記念館、旧国鉄駅舎、シルクの歴史景観、などの歴史空間の復活が始まります。

前橋市のデジタルへの動きもふるさとのご縁でした。東京の赤坂の雲を突き抜けるようなビルの最上階の NTT ドコモの社長室で吉澤和弘さんは「情報化で地方の問題解決を手伝います」と話され、子どもたちの ICT 教育や 5G による医療情報伝達も進めて頂きました。

米国アップルの副社長から日本に戻り通信料金の引き下げを実現した福田尚久さんが前橋工科大学理事長として大学に変化を起こしておられる。福田さんと一緒になってデジタル共助都市実現へ多くの方々にも感謝申し上げます。しかしデジタル民主主義への道へ前進されるだろう。

中心市街地の再開発、新前橋駅前、市内 13 カ所の区画整理事業…その一つ一つにいろんな思いを乗り越えて取り組んできてくださった関係者の方々尽力も有り難い。歴代の市長のリーダーシップのもとで始まった拠点整備事業も前進している。ローズタウンではカインズ社によるふるさと納税によるザスパの施設も完成し、南モールは IKEA との交渉も課題の連続だったが私の任期の最後にテープカットができた。

IKEA、コストコ…地権者や進出企業の皆さんとの信頼の中で IKEA が提唱したラッピングのバスが今動き始めている。バス路線やタクシーの補助制度、コミュニティ自転車などの交通改革が進んでいる。

新しい日赤前橋病院が生まれ、同時に地域の新しい価値として日赤前橋病院の跡地で民間開発による多世代の集いの場が完成することになった。

ここまで進んできたその最初の一歩は何よりもビジョンだったのではないか。「めぶく。」ビジョン、アーバンデザインの街づくりの約束を実現したのがジンズの田中仁さんだった。彼は一人の経済人としてそして市民として大勢の経済人と連携し市民主導、官民共創の理念のもとに動いてきている。「めぶく。」のビジョンと前橋アーバンデザインはこれからもずっとつながる市民との約束事になるだろう。

まだまだ前橋に夢をもって挑戦する人達がおられる。故事にある「家貧しくして孝子顕る」の言葉通りに苦境のなかで有志が現れるのだ。市長は強力なリーダーシップより自ら立ち上がる挑戦者へのエールを送る役割だ。まさに「市民主体のまちづくり」の応援団だった。

最後になったがともに公務を担った歴代の前橋市職員の皆さんに感謝申し上げます。私が足りないことを補って前橋を善くすることを自らの課題として知恵とアイディアで挑戦して下さった市役所の同僚に感謝と…お詫びを申し上げます。こんなヘンテコな私に付き合って下さり有り難うございました。こうやって振り返れば書き尽くせないほどの善意に支えられてきました。その一人ひとりに感謝して巻末の挨拶といたします。

著者略歴
昭和 34 年（1959 年）7 月 4 日　群馬県吾妻郡草津町生まれ
草津小学校〜前橋市立第三中学校〜前橋高校〜早稲田大学商学部を卒業。
好きなスポーツは自転車とテニス。愛読書は、P．ドラッガーの「断絶の時代」。映画鑑賞が趣味で「砂の器」「惑星ソラリス」「道」「山の郵便配達」はベスト 4。かき氷が好物。

小渕恵三代議士秘書
平成 7 年に群馬県議会議員に初当選。
平成 18 年 7 月 1 日　議員辞職　群馬県知事選挙への立候補を表明。県内遊説開始。
平成 19 年群馬県知事選挙において 19 万票 3 位で落選
平成 21 年 1 月、群馬県議会前橋選挙区補欠選挙で当選
平成 24 年 2 月、前橋市長選挙で当選
令和 6 年 2 月、前橋市長選挙にて 4 期目の挑戦。落選

受賞歴
総務省デジタル田園国家構想の先進地表彰 2021 年
視覚障碍者の歩行を歩行者が装着したカメラ画像から行うことで外出のサポートをする。デジタルで結ばれた視覚障碍者と歩行をガイドする善意との連携が評価された。

国道交通省 MaasS 先進地表彰 2024 年
JR 東の Suica と自治体のマイナンバーカードの連携での乗車記録や買い物記録のよるパーソナルなトリップや購買データの連携が評価された。

国土交通省まちづくりアワード表彰 2023 年
都市における種々の課題解決や良好な環境の創造、地域の価値向上を図る先導的な取り組み、新技術を活用した先進的な取り組み、従来に無いアイデアによる魅力的な取り組み、 前橋市アーバンデザインを策定し、遊休不動産利活用を図る取り組みを進めたことが評価された。

ふるさと納税大賞 2017 年
「タイガーマスク運動支援プロジェクト」は児童養護施設退所後の金銭面の不安をふるさと納税を活用し支援することで返礼品の目的にするふるさと納税を社会的な意味のあるものへ変えたことが評価された。

優秀マニフェスト推進賞 < 首長部門 > 2017 年
政策についての理解を得るため、政策の背景まで詳細に記述された冊子「まえばしインデックス」 を発行。このマニフェストが評価され、2017 年マニフェスト大賞実行委員会主催の「第 12 回マニフェスト大賞」にて受賞

参考書籍
「断絶の時代」P. ドラッカー
「サイバー文明論」國領二郎
「なぜイタリアの村は美しく元気なのか」宗田孝史
「民主台湾の未来永劫の繁栄を願って」野口五十六 白石常介著
「サイバー革命前夜 暮らしもビジネスも変わる」山本龍
「地方自治の手引き」山本龍

参考資料
「MNC × Suica 地域共創協定」資料　JRE 深澤社長資料
「マイナンバーカードをトラストアンカーとして民間デジタル ID の実装」
講演資料　福田尚久
「デジタル田園都市国家構想提出資料」前橋市
「2019　前橋市長選挙マニフェスト」山本龍
「2024　前橋市長選挙マニフェスト」山本龍

山本龍の確信　世界が 100% 変わる日

著　者　山本 龍

発行日　2024 年 8 月 15 日
編集・制作
モリタ印刷工業株式会社
群馬県前橋市大渡町 1-23-2　〒 371-0854
TEL.027-253-2222　FAX.027-253-2223
発行人　鈴木 孝
発　行　株式会社書苑新社
東京都豊島区南大塚 1-33-1　〒 170-0005
TEL.03-3946-0638　FAX.03-3946-3778
印　刷　モリタ印刷工業株式会社
定　価　本体 1000 円＋税
ISBN978-4-88375-531-8 C0031 ¥1000E